Giuliano Floreancigh

Forse Mi Chiedo

altro di questo scrittore
"Lettere di G" 2016
"Vue Hotel Miramare" 2017

Copertine di Davide Bisi
Volo 1   2017
Volo 2   2017

Prefazione

Ben trovati cari lettori e care lettrici....

Desidero cogliere l'occasione per dedicare le primissime righe di questa prefazione ai doverosi ringraziamenti che vanno ad ognuno di voi. Insieme avete sostenuto questo modestissimo scrittore, investendo denaro e tempo per starlo ad ascoltare. Vorrei conoscervi di persona e acquisire le vostre preziose opinioni di prima mano, ma non mi è possibile. Quindi mi limito a ringraziarvi di tutto cuore e mi permetto di aggiungere che ho apprezzato sinceramente i messaggi e i feedback positivi ricevuti da molti tra voi. Confido nel fatto che vi riteniate soddisfatti dalle letture dei miei volumi, e che almeno in parte sia riuscito a coinvolgervi in questo progetto.

Ci troviamo dunque alla fase finale, all'ultimo dei tre atti che costituiscono l'ossatura di un lavoro concepito sulla base di alcune idee molto chiare e che è giunto il momento di condividere pienamente con voi.

Innanzitutto, vi segnalo la volontà di iniziare un bel percorso, durato un anno intero, che mi permettesse di realizzare ciò che desideravo da sempre, ovvero "scrivere e condividere". A questo intimo desiderio, aggiungo, e senza nasconderlo, che ho unito il tentativo di giocarmi una possibile carta, un jolly, per trasformare una passione personale in qualcosa di più solido, come ero già riuscito a fare con la musica.

A queste ragioni, seguono motivazioni legate alla necessità di condividere argomenti, temi, input e quant'altro per poter "riflettere insieme" e soprattutto per "ricordarci chi siamo", qual è la nostra identità, quali sono le cose che potrebbero dare al genere umano maggior sostanza. Perché questa esigenza?

Beh, viviamo nell'Era Tecnologica dove "pare che la capacità di meditare e intendere non sia più necessaria". Se hai una domanda, una qualsiasi domanda, ti basta googlare e accontentarti delle risposte che abilmente i SEO, i famosi maghi della rete, riescono a indicizzare. Tempo fa ho provato a rivolgere a Google il seguente interrogativo: "Io chi sono?". Vi dirò che, a parte un elenco infinito di collegamenti a libri, poesie, guide, testi di canzoni e simili, non mi è stata data nessuna risposta significativa. Il massimo risultato "specifico" raggiunto era l'indirizzo IP del mio computer.

Probabilmente direte: "bella scoperta, cosa ti aspettavi...!" Ma è proprio questo il punto!!

"Per avere la risposta agli interrogativi più importanti, l'uomo deve ancora ricorrere alle proprie facoltà di ragionare", ma è talmente impegnato nel porsi domande secondarie e superficiali, dalle risposte pronte, che "a volte si dimentica di fermarsi e prendersi il tempo e lo spazio per riflettere veramente e significativamente". Spegnere il cervello non è la soluzione ai nostri mali, fissare uno schermo blu e distogliere lo sguardo dalla realtà per ignorarla non cambia il destino dell'uomo.

Personalmente amo molto i romanzi, e la mia passione per la letteratura è iniziata fondamentalmente con quel tipo di letture. In effetti, devo molto ai racconti e allo stile narrativo di diversi scrittori, contemporanei e non, conosciuti o sconosciuti.

Ma quando si è trattato di scrivere qualcosa di mio, ho sentito il bisogno di parlare di cose reali, di argomenti attraverso i quali "leggere per pensare" e non solo leggere per sognare, per distrarsi o per fantasticare.

Certo, sarei un ipocrita se chiudessi la porta ai sogni; anche io non credo che si debba vivere all'asciutto o al netto della sola realtà. Ci mancherebbe. In fondo, la speranza stessa è un modo per vedere o anelare ad una realtà diversa, migliore, e quindi un po' sognare. D'altro canto, ritengo che ogni tanto faccia bene anche fissare la nostra vita, bella o brutta che sia, dritto negli occhi e dirle "adesso parliamo un po' tra noi".

Queste che vi ho indicato, sono le ragioni principali che mi hanno spinto a scrivere e pubblicare dei libri che tendessero più verso l'attualità, le scienze sociali e la saggistica, piuttosto che la pura narrativa.

Il progetto ha riservato anche piacevoli sorprese.

Ad esempio, sono molto contento che mi abbia dato la possibilità di unire indirettamente, e direi quasi inaspettatamente, diverse forme d'arte e di comunicazione, conoscendo così care persone e rafforzando rapporti già esistenti.

Al riguardo mi riferisco alle bellissime copertine del mio amico e illustratore Davide Bisi, all'apporto gentile di diversi bloggers specializzati nella recensione di qualsiasi libro e senza pregiudizi, ai consigli di altri scrittori indipendenti, al potenziale enorme di una piattaforma di self publishing come Lulu.com, sino alla competenza e grande professionalità di strutture promozionali come PromuoviLibro e il suo gentilissimo staff.

Probabilmente vi starete chiedendo: "ma ste prefazione quando arriva?". Avete ragione, ma questa potrebbe essere l'ultima occasione che ho di pubblicare e non potevo non condividere quanto sopra. Del resto anche voi avete fatto parte del progetto, non è così?

Bene, ora veniamo al libro.

Di cosa si parla in "Forse Mi Chiedo"?

Diciamo che il filone, come intuirete, è sempre lo stesso. Attualità, comportamenti sociali, invarianti, influenze positive e negative, ricordi e legami. In più ho voluto sperimentare, aggiungendo un breve racconto in tre capitoli che spero vi piaccia. Nel caso un domani dovessi tornare a scrivere spostando il bersaglio su temi più affini al complesso mondo dei romanzi o della sceneggiatura cinematografica, almeno posso dire di avere una base da cui partire!

Che dire del titolo? Quanto ho descritto prima, parlandovi degli input che stanno alla base di questa trilogia, dovrebbe fornirvi una traccia iniziale che indirizza verso la reale spiegazione, o motivazione, che sta alla base della mia scelta di usare questa espressione che, come avrete notato, non è una domanda ma bensì una affermazione.

8

"Forse Mi Chiedo", è un'insieme di vocaboli studiati per trasmettere l'idea di un individuo che non vive semplicemente basandosi sulle apparenze o mangiando pappa pronta, pensata e condita da altri, ma piuttosto si pone delle domande o per lo meno vorrebbe provarci. D'altro canto, l'uso dell'avverbio "forse" per alcuni potrebbe rappresentare il rovescio della medaglia, quello poco chiaro, quello "non pienamente convinto", quasi "un condizionale". Perché questo contrasto? La ragione è che non basta fare domande o dedurre di farsene. La ricerca della verità, intesa come ciò che è vero, genuino e non artefatto o influenzato, si deve basare su qualcosa di più specifico. Ci sono Domande e domande così come ci sono Risposte e risposte. Pertanto la questione è: mi sto facendo le domande giuste? Le risposte che trovo, sono figlie della logica e della verità (vedi sopra per verità), oppure rappresentano un parere puramente condizionato da coloro che di mestiere fanno l'influencer, lo stratega, il demagogo, lo chef in tv?

Il titolo lascia aperte diverse possibilità e permette ad ogni lettore di trarre le proprie conclusioni.

Mi permetto solo di aggiungere un'ultima nota personale. Il termine "forse", viene utilizzato raramente rispetto al si e al no o ad altri sinonimi come "potrebbe, può darsi, circa, probabile, chissà". Le ragioni pare che siano legate al suono "antipatico" di questa parola, che sembra sollevare più dubbi che certezze o che appare come un modo rapido e pratico di scaricare le responsabilità per chi non sa affermare o negare e quindi prendere una posizione.

In realtà, a puro e assai modesto parer mio, è tutto interpretabile.

Il "forse" potrebbe avere un connotato o un tono più positivo di quanto pensiamo, soprattutto rispetto ad una negazione. Ad esempio, se il titolo fosse stato "Non Mi Chiedo", l'idea trasmessa avrebbe cambiato totalmente, non è così?

Quel "forse" in sostanza "lascia ben sperare" di essere sulla strada giusta.

Forse.............:)

Bene, ora vi lascio finalmente alla lettura dei capitoli. Troverete parecchi riferimenti a cose e situazioni, che avrete visto, vissuto, ascoltato. Spero che questi dettagli vi permettano di immergervi ancora di più negli argomenti trattati.

Quindi, grazie ancora e chissà, "forse" arrivederci.

Capitoli

1 Chi è in realtà Rossella O'Hara?

Guardare "Via col Vento" nel 2017, equivale ad avere una chiara visione di molti dei mali della società moderna.

Laddove il conflitto tra nordisti e sudisti è in realtà solo un contorno, l'attaccamento al denaro e la paura di perderlo sono il centro di una storia che sembra aver poco a che fare con l'amore vero. Matrimoni d'interesse, separazioni e false relazioni sociali sono per Rossella, interpretata dalla bellissima Vivian Leigh, il filo conduttore di buona parte della sua vita.

Sembra che nemmeno la perdita delle persone più importanti, madre padre e figlia, riesca a scalfire un cuore definito "duro" da molti dei personaggi che intrecciano le proprie vite con la sua.

Ma chi è in realtà Rossella? E poi, parole sue, "cos'è che conta di più nella vita"? Tara, ossia la sua terra di origine, oppure le ricchezze e il potere o gli affetti e le cose semplici?

Beh, la pellicola diretta da Victor Fleming e vincitrice di ben 10 Premi Oscar, contiene diversi spunti di riflessione che vanno ben oltre gli usi e costumi dell'epoca in cui è ambientata. Alle occasioni conviviali, dove balli e merende suntuose si alternano ad una vita di apparente agiatezza, il film unisce momenti di cruda realtà dove la distruzione, la fame e la povertà segnano la fine di una società sino a quel momento stabile e dai privilegi invidiabili.

A fare da sfondo a questi cambiamenti sociali, ci sono le vite di alcuni personaggi dalla condotta morale discutibile affiancati da altri carichi invece di nobiltà d'animo, come Melania Hamilton o Mami rispettivamente cugina e tata della O'Hara.

Rossella, nonostante in molti la ritengano vittima degli eventi e delle crudeltà di Rheet Butler, si colloca fondamentalmente nella prima categoria e i motivi sono parecchi.

Basta guardare la pellicola con occhio attento per rendersene conto.

Fin dall'inizio, ancora giovanissima, Miss Rossella appare egocentrica e in grado di attirare l'attenzione di tutti i bell'imbusti di turno, a discapito delle altre giovani damigelle presenti a feste e ricevimenti.

Non lo fa usando semplicemente l'arma della bellezza, che non le manca, ma attraverso astuti giochetti concepiti con evidente malizia e col fine di umiliare le altre giovani.

Poi, decide improvvisamente di sposarsi, portando via il pretendente, Carlo Hamilton, alla sorella carnale e solo per fare un dispetto all'uomo veramente amato, tale Ashley Wilkes. Per un capriccio lascia la propria casa a Tara e si trasferisce ad Atlanta. Uccide un uomo senza provare alcun rimorso; ne sposa un altro, Franco Kennedy, solo per interessi economici al fine di uscire dallo stato di povertà dov'era decaduta a causa della vittoria dei nordisti e imporsi come manager della attività da poco aperta da Franco. Ha un rapporto a volte troppo duro anche con le fedeli persone al suo servizio, tant'è che perfino il vecchio padre Gerald, ormai poco lucido, le rimprovera modi fuori luogo soprattutto date le loro difficili circostanze. Anche l'ultimo matrimonio, quello con il Capitano Rheet Butler interpretato da Clark Gable, per lei è basato principalmente su interessi materiali, anche se sul finale Rossella pare capire cos'è il vero amore, rendendosi conto di aver passato la vita ad essere convinta di amare qualcuno, Ashley Wilkes marito di Melania, che invece l'aveva solo illusa. Infine, fatica ad avere un ruolo sereno di madre affettuosa con la figlia Diletta.

Notevole non è vero? Forse la ricordavate per quel bacio favoloso scambiato con Gable e che primeggia nella locandina del film.

Oppure durante qualche primo piano, mentre viene immortalata nella sua bellezza sulle note di una delle colonne sonore più famose della storia.

Ma che dire se in realtà Miss Rossella rappresentasse il modello di donna fuori dagli schemi che si è allontanato dal concetto comune e ideale di madre e moglie?

In effetti, in questo film il ruolo femminile principale si allontana dalle trame tipiche dell'epoca, mettendo in luce un nuovo ruolo che non è più semplicemente quello della "bella tutto casa e chiesa" o della "bella e oca", alla Marilyn giusto per intenderci. Piuttosto è centrale rispetto ad argomenti come il coraggio, la capacità di imporsi nel business, l'astuzia, la spregiudicatezza.

Forse a questo hanno contribuito le significative modifiche apportate al copione rispetto al romanzo originale di Margaret Mitchell, vincitore del premio Pulitzer nel 1937.

Ad esempio, molti alleggerimenti sono stati apportati al personaggio di Rhett Butler. Di fatto, il film lo rende molto più prevedibile nei sentimenti e addirittura meno "crudele". Basti pensare che nel romanzo originale egli spesso punzecchia Rossella con frasi assai crudeli, come quando le dice di averla sposata "solo per averla come giocattolo".

Sono stati totalmente potati anche altri elementi e personaggi che hanno ruoli importanti nel racconto originale. Per fare un esempio specifico, sono stati eliminati tutti i riferimenti al Ku Klux Klan, background storico molto presente nella seconda metà del romanzo.

In sostanza, tutto lascia pensare che l'obiettivo del regista e del produttore, Selznick, fosse sia quello della versione ufficiale, ossia realizzare un grande affresco storico e un opera cinematografica senza precedenti che sarebbe rimasta come modello per decenni, che quello più celato o meno pubblicizzato di raccontare la storia di una donna completamente diversa rispetto al clima dell'epoca in cui è ambientato, così come degli anni in cui è stato girato.

La pesantezza dell'atteggiamento di Rossella è talmente evidente, che nella scena finale, stanco dei suoi capricci, Rhett la lascia sulla porta di casa con una promessa di divorzio e rispondendo alla domanda di lei "Se te ne vai, che sarà di me? Che farò?", lui pronuncia la famosa frase "Francamente, me ne infischio!"

Ora, veniamo a noi.

Affermare che le donne non debbano e non possano avere personalità forti e determinate, coraggiose e intraprendenti, sarebbe una vera e propria sciocchezza. Ogni donna deve essere libera di esprimere la propria creatività, il proprio pensiero. Deve poter anelare e raggiungere risultati personali che la soddisfino, manifestando appieno la propria intelligenza e i propri talenti.

Basta con la visione distorta di una creatura che deve essere alla mercé dell'uomo e dei suoi sordidi bisogni, basta umiliazioni, basta al concetto di una donna che non deve pensare ma solo eseguire. Gli uomini che ancora oggi vedono le donne come mezzi e non come un meraviglioso dono, non sono veri uomini.

Ma è altrettanto vero che Lei, la Donna, dovrebbe rappresentare la parte più raffinata, più emotivamente intensa, amorevole, dolce e gentile dell'umanità.

L'innato senso materno dovrebbe indirizzarla verso virtù di gran lunga superiori a quelle degli uomini.

Pertanto, quando siamo di fronte a donne che si allontanano da questa visione del gentil sesso per assumere i tratti peggiori della controparte maschile, non possiamo non rimanerne amareggiati.

La donna ha un valore immenso per il genere umano. Si dice che il futuro sono i giovani, e in parte è così. Ma se ci pensiamo bene non esisterebbero giovani se non ci fossero madri che li mettono al mondo e che li crescono con amore, cura e sani principi. E questo è solo un esempio tra i tanti che potremmo fare.

Quindi ci si chiede: era davvero necessario allontanarsi così tanto dall'idea di base di ciò che una donna rappresenta per riuscire ad assumere la propria indipendenza e manifestare il proprio valore? Perché credere che sarebbe stato possibile imporsi nella società maschilista solo assumendo i tratti peggiori degli uomini?

Nel mondo esistono centinaia di milioni di donne che hanno ruoli chiave nel lavoro e nelle istituzioni oltre che in famiglia. Giudici, magistrati, alti funzionari, managers di aziende globali, piloti, astronaute ecc...

e tutto questo è a dir poco fantastico. Ma se per raggiungere tali posizioni o per detenere la leadership in famiglia il prezzo da pagare è indossare la maschera degli uomini peggiori, mi chiedo se davvero ne valga la pena.

Quale può essere il senso o la soddisfazione nell'adottare una condotta moralmente discutibile?

Il fatto che lo fanno anche gli uomini? E' questa la vera libertà? La vera uguaglianza?

Le donne sono molto di più.

Le donne hanno una forza incredibile e nessun'uomo potrà mai uguagliare alcune delle loro virtù.

Essere rispettate, onorate, valorizzate, amate profondamente, non dipende dalla misura in cui ci si allontana dal pensiero collettivo o dall'ideale di Donna.

Si può essere indipendenti, sagge, esperte e altamente considerate mantenendo la propria identità. Perché quando una cosa ha grande valore, non la si mette in discussione. Solo gli stolti lo fanno, ma vale la pena stare ad ascoltarli? Credo proprio di no.

Quindi, per una volta, diamo retta a Rossella e ricordiamoci sempre che "domani è un altro giorno".

2 Le mamme con il SUV

Sono abbastanza sicuro che il titolo di questo capitolo vi starà facendo sorridere :), e che probabilmente starete pensando a quelle eleganti, e talvolta stravaganti, signore sui quaranta o anche più, che si presentano davanti alla scuola o all'istituto dei figli, dalla materna alle superiori, con un SUV fiammante parcheggiato tranquillamente o beatamente in seconda fila. Non è cosi?! YES!

Ma le avete mai osservate attentamente? Credetemi, sono un vero spettacolo.

In genere, sono protese in avanti verso il volante, e hanno il telefono accostato all'orecchio da una parte, rigorosamente iphone 7 plus con la cover di zirconi, mentre l'altra mano è impegnata nel rovistare dentro alla borsa di Luis Vuitton appoggiata in bella vista sul cruscotto.

Il fatto degno di nota, o potremmo anche definirlo bonariamente "la prestazione straordinaria", è che riescono a fare tutto questo negli stessi istanti in cui, con lo sguardo sornione, osservano se nei dintorni qualcuno le sta già adocchiando.

Se questo non accade, passano al piano B. Abbassano il finestrino e fanno finta di sbraitare al telefono con qualcuno, di solito l'estetista o il dentista, gesticolando animatamente e appoggiandosi con uno scatto violento allo schienale del sedile, al fine di manifestare tutto il proprio dissenso. Il gomito, in parte celato dalla camicetta bianca con il risvolto al polsino, si appoggia al bordo della portiera, mentre la mano si fa carico di sorreggere la fronte e il capo che cominciano a muoversi da destra verso sinistra, esternando in modo definitivo e chiaro tutta la gravità della situazione. Il caso vuole che quel gesto finisca per mettere in bella mostra il Rolex, in genere Date Just dallo sfondo rosato o bianco, seguito da una serie di pesanti bracciali in oro che spiccano prepotenti e abbaglianti sopra la parte scoperta del braccio, perfettamente abbronzato ma dalla pelle leggermente raggrinzita a furia di lampade. Se anche il piano B non funziona e nessuno se le fila di striscio allora è necessario ricorrere alla mossa finale.

Non importa che vi siano 2 gradi perché siamo a Novembre o Dicembre. Nulla, sottolineo "nulla", le può fermare.

Osservate attentamente la tecnica di quella seduta nel Q8; si esatto, quella bionda sui 45, con le meches. Guardate come sbanca il tavolo.

Recupera dalla borsa il porta sigarette in oro targato Chanel e un accendino. Tira il freno a mano e apre la portiera. Un coro angelico fa da sottofondo ai passaggi successivi, vere e proprie opere d'arte o tecniche sopraffine.

Spalanca sicura la portiera senza guardare nello specchietto, e il primo a toccare terra è il tacco vertiginoso della Louboutin rosso fuoco che, come un fulmine, fa "terra bruciata di sguardi" nell'arco di 200 metri. Lo segue l'altro mentre, con una mossa assolutamente involontaria, lo spacco della gonna si apre a ventaglio mostrando gambe senza calze che paiono due lingotti d'oro, rivestite come sono di brillantini e lucide quanto un dolce egiziano. Nel frattempo è passata un auto che le ha fatto un pelo pazzesco piantandole una bella strimpellata di clacson, ma lei non batte ciglio e si appoggia alla fiancata. Pensate che riesce a fare tutto questo senza alzare lo sguardo; ma dentro di sé sa che mille occhi la stanno puntando. Apre il porta sigarette ed estrae una Merit che avvicina lentamente alla bocca. Poi la accende, mentre dal suo Zippo esce una fiamma insolitamente alta. Ora, con la destra, comincia la danza della mano che porta la sigaretta alla bocca, e il braccio sinistro si stringe al petto. E' sì, perché a novembre in camicetta fa un pochino freddo! Dopo qualche boccata, la testa fa un movimento all'indietro e i capelli, voluminosi ma leggeri, la seguono, mettendo in mostra l'orecchino d'oro agganciato sulla sinistra, grande quanto una manetta da polso, e il colletto della camicia molto alto e dalle punte perfettamente stirate, che a sua volta apre la vista su un collier che peserà quanto uno dei cerchi in lega dell'auto. Il momento topico sta per arrivare e lei lo sente perfettamente, l'ha calcolato al centesimo di secondo. Comincia ad inspirare ancora più forte la nicotina per consumarla in fretta. Ci siamo.

La campanella suona, e le collaboratrici scolastiche spalancano le porte principali. Lascia cadere la sigaretta fumante a terra e quando, con la pianta del piede, la schiaccia da sinistra a destra il mondo si ferma. Il tempo diventa liquido. Un attimo di eterno in cui tutti i papà e i nonni presenti sono completamente rapiti da quel lento movimento in cui il colore rosso della Louboutin sembra confondersi con tutto il resto. Le loro orbite escono verso l'esterno attratte da quella potente calamita e si distraggono totalmente da ciò che li circonda. Le lo sa. Lei sa esattamente cosa sta accadendo e lo zigomo sinistro si alza leggermente, accennando un sorrisetto che sta a indicare una sensazione interiore di massima soddisfazione. Mentre inspira e rilascia profondamente sente tutto il potere che la pervade. Ha vinto di nuovo, li ha stracciati.

"Rien ne va plus, le jeux sont faits"

Mentre quelli stanno ancora impalati con gli occhi da pesce lesso, il loro sogno viene infranto dal figlio o dal nipotino che tirandogli con forza la mano gli dice: "Ehi, sono qui!!..svegliati!!"

Quel brusco risveglio li fa rinsavire, e mentre scuotono la testa si guardano intorno per vedere dove sia andata quella Dea. Ma niente, lei è già ripartita a bordo del suo potente mezzo.

Li osserva dallo specchietto retrovisore e pensa: "peccato che ho solo il Q8.........se avessi il Cheyenne della Porsche sarei invincibile.....dirò a quel cornuto di mio marito di comprarmelo........"

Tutto questo vi fa ridere? Mah...

3 Milano

Esattamente non ricordo quando vi misi piede per la prima volta.

Forse ero ancora un bambino, oppure il primo viaggio lo feci solo in tempi successivi, come l'adolescenza.

Abitando da sempre a Brescia, la città più vicina per importanza e non solo per km è proprio lei, Milano.

Quando vi arrivi, soprattutto per le prime volte, l'impatto è indubbiamente notevole.

Un po' tutte le grandi città come Roma, Firenze, Bologna, Genova, Torino, hanno questa caratteristica, questa sorta di aria metropolitana palpabile, che le rende diverse da tutte le altre sorelle minori.

La questione può essere legata agli spazi, alla gente, ai profumi, ai suoni e a tutte quelle cose che danno una forte sensazione di modernità e polivalenza.

Milano è la terra dei milanesi ma anche degli immigrati, gente proveniente da ogni angolo d'Italia o del mondo che si trova lì per varie ragioni: lavoro, possibilità, arte, moda e cultura solo per citarne alcune.

Milano è anche la patria di molte figure o personalità di spicco in senso artistico, sociale, economico, politico e scientifico.

Grandi uomini e talentuose donne che hanno esportato a livello nazionale e globale le loro competenze, i loro sogni, le loro idee.

La gente si reca regolarmente nel capoluogo lombardo per innumerevoli ragioni che non definirei prettamente di natura pratica o lavorativa, ma anche solo per fare un giro in un ambiente cosmopolita, per respirare arte, moda, architettura, buon gusto, modernità e antichità allo stesso tempo.

La paragonerei a una macchina del tempo, perché hai la possibilità di scegliere in quale epoca vuoi essere catapultato.

Ti piacciono gli anni cinquanta? Preferisci gli ottanta oppure i novanta? Puoi scegliere il tuo percorso della memoria e trovi ancora tracce espressive di quegli anni.

Ti piacciono di più gli anni 2000? Non c'è problema; basta che scegli le giuste destinazioni e puoi gustarti angoli di modernità paragonabili alle grandi città europee. In fondo Milano è sempre stata all'avanguardia.

Case discografiche, case editrici, atelier di moda, teatri grandi o piccoli, alta finanza. Tutto è nato o passato da lei prima di diramarsi altrove nel bel paese.

Ci sarà una ragione a tutto questo, non credi?

Per decenni chi voleva ispirarsi o trovare degli sbocchi per le proprie inclinazioni artistiche o lavorative che fossero, sceglieva Milano, e ancora oggi in parte è così.

La Milano da bere, che dava lavoro a tutti, che forniva divertimento a tutti. Simbolo di benessere, nonostante tutto, anche di questi tempi. Scuole di pensiero, forme d'arte, idee imprenditoriali e molto altro hanno fatto e fanno di questa città un punto di riferimento e in alcuni casi anche un modello da imitare.

Milano però non è solo questo.

Milano è esattamente "ogni cosa" che la compone. Mi spiego meglio. Non è solo una rappresentazione di se stessa, ma è sostanza.

Basta camminare per le sue vie, lasciandosi sospingere dalla curiosità tipica di un bambino, per accorgersene.

La Galleria, Il Duomo, La Metropolitana, San Babila, I Navigli, Via Montenapoleone, La Scala. I ristoranti famosi e le trattorie nelle vie di periferia. Le sedi delle ambasciate e i centri sociali. I piccoli teatri e le gallerie d'arte semi sconosciute. La Rinascente e la piccola bottega che vende prodotti tipici meridionali. Il tizio che gira in centro con la bicicletta e quello che viaggia sulla Bentley guidata dall'autista personale.

L'immigrato africano che aspetta il caporale per lavorare al nero in qualche cantiere periferico e la commessa quasi perfetta di Cartier.

Il tizio che vende il pane secco in briciole per i piccioni in piazza Duomo e Cracco con il suo locale stellato.

La modella magra come un chiodo che compra creme in una profumeria sotto i portici del centro e la portinaia di un antico palazzo abitato da avvocati, commercialisti e personaggi della tv.

Tutti questi e tutto questo sono Milano.

Quando arrivi vieni inondato esattamente da questa sensazione, ti senti ospite di un magnifico circo.

Ogni cosa ha il suo posto, ogni posto ha la sua platea, ogni platea ha una sua storia, ogni storia ha qualcosa da trasmettere.

Del resto "Milan l'è un gran Milan".

4 Vinile

Alla voce "Vinile", il vocabolario presenta i tre seguenti significati: gruppo sostituente di formula $CH_2=CH-$, materiale plastico di largo impiego industriale, supporto per la memorizzazione analogica di segnali sonori (disco fonografico). Ed è proprio a quest'ultimo, comunemente chiamato disco o microsolco, che voglio dedicare alcune riflessioni. Innanzitutto lo faccio perché ritengo che moltissimi di noi, in un modo o nell'altro, siano stati influenzati da questo supporto musicale. Tanti affermano addirittura di essere "radicalmente legati" a questa invenzione degli anni 40, originaria degli Stati Uniti d'America.

Personalmente, ne sono molto affascinato e quindi mi ritengo un estimatore del vinile sia per le sue caratteristiche sonore, suono caldo ed estremamente fedele, che per il forte impulso che ha dato alla diffusione della musica in generale.

Lo stimo anche per la forza con la quale è riemerso a livello globale dopo la sua "quasi scomparsa" degli anni novanta. Dalla seconda metà degli anni duemila il disco in vinile è tornato negli scaffali dei negozi, essenzialmente come prodotto di nicchia. Qualcosa però cominciava a muoversi, tant'è che secondo i dati di consuntivo 2011 stilati dall'istituto Nielsen SoundScan, per i LP in vinile c'è stato un aumento da 2,8 a 3,9 milioni di pezzi venduti negli USA. "Una crescita folle", ha dichiarato Keith Caulfield, associate director per le classifiche del sito Billboard.com, "che trova il suo fondamento in un mercato dal potenziale non ancora pienamente sfruttato".

"Il vinile", osserva Caulfield, "raggiunge due tipi di consumatori: quelli più anziani che lo ricordano con affetto e magari posseggono ancora un giradischi, e quelli più giovani a cui piace avere in mano una copia fisica del disco e ammirarne la copertina".

Notevoli queste osservazioni, non pensate? Beh, forse chi è abituato a fruire della musica in formato digitale potrebbe ritenerle superficiali. Chi addirittura non ama particolarmente la musica, potrebbe chiedersi perché mai scrivere il capitolo di un libro su questa storia!

Diciamo che oltre al legame personale, in parte citato prima a grandi linee, dal mio punto di vista dietro a molti dei prodotti commerciali che hanno fatto la storia delle abitudini quotidiane di milioni, e probabilmente miliardi, di persone ci sono dei risvolti davvero interessanti e che vale la pena di esplorare.

Ci basti pensare al famoso concetto del "siamo ciò che mangiamo", per capire a cosa mi riferisco. Potremmo fare questo stesso ragionamento parlando di chissà quanti altri articoli di consumo o accessori diventati un classico nelle nostre operazioni quotidiane come la Bic, il rasoio Gillette, la Coca Cola, la maionese della Calvè, sino a Vanity Fair, alla pay tv o ai dispositivi della Apple.

In sostanza, pur non cadendo nel materialismo o nel consumismo, dobbiamo ammettere che alcune delle cose che ci circondano hanno un certo fascino, sia perché ben congeniate che per l'impatto sociale o i movimenti di pensiero ad esse collegati.

Oggi esistono fans, appassionati o clubs per qualsiasi cosa vi venga in mente; da quelli che trasformano i tubi delle patatine alla paprika in casse acustiche, a chi usa il dentifricio per creare fantastiche sculture. La capacità dell'uomo di reinventare o trasformare gli oggetti è incredibile. Lo stesso dicasi per tutte quelle cose che non devono subire un revamping o trovare un nuovo scopo, ma che sono belle, emozionanti e utili esattamente così come sono. E tra queste, permettetemi, il vinile ci sta perfettamente.

Ma avete mai osservato la ritualità che un appassionato di vinili segue quando deve "mettere su" un disco? E' una scena spettacolare per chi la osserva ed è carica di emozione per chi la vive. Provo a descriverla.

Per prima cosa accende l'amplificatore, perché se è del tipo valvolare (consigliato) ci vuole del tempo per scaldare bene le valvole.

Poi accende il giradischi e controlla lo stato della testina/puntina e del contrappeso del braccetto. Mai troppo prudenti.

Preleva il disco dalla teca e con cura sfila il box in cartone dalla plastica protettiva, stando attendo a non rovinare gli angoli che facilmente si piegano, compromettendo così la grafica. Poi dal box estrae la busta contenente il disco, se presente, oppure il disco stesso, prestando attenzione a non appoggiarvi troppo le dita. Lo adagia sopra un piano, mentre recupera un panno elettrostatico che allontanerà la polvere dal vinile stesso e dalla puntina; quindi lo passa delicatamente sui due lati. Fatta questa operazione, alza il coperchio del giradischi, inserisce il disco dal lato A o B nel perno centrale e a seguire l'adattatore che lo tiene ben premuto sul piatto. Adesso ci sono due possibilità, perché esistono due scuole di amanti del vinile. Quelli che ricorrono allo start automatico, e gli amatori che invece preferiscono fare l'avviamento in manuale. Io appartengo a questa categoria. Pertanto, supponendo che anche il nostro appassionato appartenga alla famiglia dei radicali, accende il piatto che comincia a girare. Ha scelto un 33 giri.

Poi delicatamente usando il dito indice solleva la testina dal suo alloggiamento e la posa piano sull'estremità esterna del disco. Alza il volume e inizia il suo viaggio nella musica. Feticismo? Mmmm...direi di no. Amore? Probabilmente si. Quanto piacere porta ascoltare la propria musica del cuore dopo questo preambolo? Molto, anzi moltissimo. Come accennavo all'inizio il suono del vinile è caratteristico. Alcuni lo considerano "sporco" rispetto alla perfezione del digitale. Ma in realtà la cosa è opinabile. In contrapposizione molti ritengono "artefatto" il digitale e quindi meno "vero". Io amo entrambi e sono ben consapevole delle differenze, pertanto preferisco collocare l'analogico e il digitale su piani diversi. Una cosa però è certa. Se il giradischi è abbinato ad un buon impianto la resa sonora sarà sublime.

Parlavo di suono caldo e avvolgente ai quali aggiungo sfumature e colori che vengono esaltati mentre le casse, possibilmente inglesi, sbattono sulla libreria tutta la loro potenza e brillantezza.

E poi, i dischi si consumano a forza di essere ascoltati, ve lo ricordavate? Un file mp3 o un cd-rom non sono soggetti a usura da ascolto. Il vinile si. E quando un vinile diventa talmente consumato da essere inascoltabile, può voler dire solo una cosa: che avete macinato e macinato ore di buona musica che ha influito sul vostro animo, sulla vostra mente e sul vostro cuore.

Ah, un ultima cosa: se avete in cantina il vostro vecchio giradischi, tiratelo fuori, spolveratelo e accendetelo. Rimarrete stupiti delle emozioni che ancora può darvi.

5 Nascosto in vista nel primo piano

Il titolo di questo capitolo potrebbe sembrare una contraddizione bella e buona. Come può una cosa essere "nascosta" e "in vista" allo stesso tempo? In effetti la domanda è legittima, ma come ogni espressione letteraria è necessario andare oltre le apparenze e approfondirne il senso.

Partiamo innanzitutto dal soggetto; "cosa" dovrebbe essere nascosto e contemporaneamente ben visibile? Il valore aggiunto. Esattamente il valore aggiunto di ogni cosa, animata o inanimata che sia. Dai semplici oggetti di uso comune alle persone e via via includendo tutto ciò che passa volutamente sotto i nostri occhi o che incrociamo casualmente con lo sguardo.

Nel mondo che ci circonda sono incalcolabili le cose che assumono un ruolo di primo piano nella nostra vita e che meriterebbero assolutamente una maggiore attenzione o semplicemente più apprezzamento. Dalle cose umili e quotidiane sino a ciò che sfugge alla nostra vista o che per mancanza di tempo ci dimentichiamo di ammirare.

Possiamo fare degli esempi forse banali, ma che rendono chiaro questo concetto. Potrebbe stupirci, ma quand'è che ci siamo soffermati ad osservare il cielo, giorno o notte che fosse? Specifico "soffermati", e non imbattuti con lo sguardo mentre fissavamo davanti a noi l'orizzonte. Oppure, quand'è stato che dopo un saluto fatto in famiglia al mattino prima di uscire di casa, ci siamo fermati un attimo e abbiamo considerato il valore di quel gesto all'apparenza scontato? Dietro a quel semplice "ciao ci vediamo questa sera" c'è un universo di sentimenti e legami, di attese, di desiderio e di buon augurio. E ancora, quando abbiamo dato il giusto valore ad una uscita con un amico, ad un gesto gentile di un perfetto sconosciuto, ad una prelibatezza preparata con amore, ad un opera d'arte, al momento in cui abbiamo donato qualcosa a qualcuno, ad un sorriso ricevuto mentre eravamo fermi in auto ad un semaforo o al sapore di un caffè bevuto la mattina prima di iniziare a lavorare? Quando abbiamo colto il valore aggiunto che rappresenta un frigorifero provvisto di cibo in un mondo dove la gente muore ancora di fame o quello dell'acqua calda quando ci facciamo la doccia? E della possibilità di saper leggere in un mondo con un miliardo di analfabeti? Vogliamo parlarne?

Della libertà di organizzarti la vita perché vivi in una democrazia e non sotto un regime? Di poter vivere piacevoli momenti prendendoti cura delle persone che ami?

Tutti questi e molti altri ancora sono aspetti che non possono passare continuamente in sordina, come se fossero semplici diritti acquisiti. Quanto amore, quanta libertà, quanto rispetto c'è dietro a queste cose? Riflettere su questi principi può farci sentire meglio, può ricordarci che "in un mondo dove sembra contare di più tutto ciò che non hai, in realtà tutti abbiamo alcuni motivi per sentirci ricchi, ricchi dentro."

Quando ci sentiamo soli, quando le speranze di cambiare qualcosa che non va vengono meno, quando tutto sembra perduto, rammentare che milioni di piccoli pezzi delle nostre vite compongono un quadro generale ricco di valore può trasmetterci forza e soddisfazione. Tutto ciò che conta di più è sempre in vista, nel primo piano. Se è nascosto è solo per non essere troppo invadente, per non farci sentire in debito, per mostrarci empatia. Ma sta lì, esattamente lì dove lo puoi vedere semplicemente aguzzando la vista, sforzandoti di andare in profondità.

6 Il pescatore di uomini (incipit)

"Adesso basta sangue, ma non vedi...non stiamo nemmeno più in piedi.......un po' di pietà..."

Dalla radio della barcarola a motore di Branko escono le note della canzone di Lucio, Henna.

Branko è curvo sulla schiena, e con le ginocchia appoggiate alla banchina della sua modesta barchetta cerca di tirare a sé una rete piena di piccoli pesci azzurri. Sono anni che percorre la costa dell'Adriatico nell'umile tentativo di mantenere moglie e figlia. Ogni notte, ogni alba, le sue forti braccia si adoperano per quell'unico scopo. Non può permettersi grandi attrezzature e quindi ricorre a tecniche di pesca antiche come la terra da cui proviene, la Jugoslavia.

"E domani chi lo sa se cambierà..."

Branko non parla molto bene l'italiano, ma lo capisce parecchio. Lo ha imparato alla TV.

E mentre ascolta le parole della canzone di Dalla, pensa alla sua terra. Una terra ormai da anni martoriata dal conflitto, un conflitto che non riesce a capire, ad accettare. E' il 1995, si combatte ormai da tempo ma non riesce ancora a farsene una ragione. Quando era più piccolo il solo pensiero degli anni duemila, del progresso e di chissà quali cose fantastiche avrebbe fatto o inventato l'uomo, quasi lo inebriava, gli faceva girare la testa. Ma ora che quei duemila erano lì alla porta, la delusione, i dispiaceri, le preoccupazioni e gli interrogativi erano prepotentemente nel suo petto.

"Domani? Domani chi lo sa che domani sarà?..."

Quelle domande rimbombavano nella sua mente, e nonostante il suono dolce e intimo della melodia, sembravano togliergli il fiato e la forza nelle braccia, quasi costringendolo alla resa. Poi lo sguardo torna lucido e si posa sulla cosa che più sente sua, dopo Maria e Danica, il mare.

Il mare che gli scorre nelle vene al posto del sangue.

Una forte energia lo pervade e con uno strattone tira la rete e tutto il suo carico facendola rovesciare nella barca. Esausto si accascia a terra appoggiando la nuca al bordo del coronamento e si addormenta. Dopo un tempo che non riesce a quantificare, si risveglia di soprassalto a causa di un rumore cupo che riempie il cielo. Fissa in alto facendosi ombra con il palmo della mano e li vede, sono gli aerei della Nato. Vanno verso la terra ferma e sono in formazione.

In un nano secondo si ricorda delle parole dell'amico Dragan, anche lui pescatore, e sentite qualche sera prima davanti ad una radla. "Stanno arrivando..." gli aveva detto. E lui istintivamente gli aveva chiesto: "dici che sarà una cosa buona?"

Nessuna risposta era uscita dalla bocca di Dragan, ma solo uno sguardo stanco, quello di chi, esausto, desidera che le cose finiscano in un modo o nell'altro. Che finiscano.

Poi un altro flash: gli aerei, la terra ferma, il suo villaggio, Maria e Danica. Saranno in pericolo? L'adrenalina lo fa scattare in piedi. "Al diavolo i pesci", si getta sul motore e lo accende in un lampo. "Devo fare presto, devo fare presto" dice tra sé e sé, mentre punta con lo sguardo fisso la costa e si protende in avanti con il corpo, quasi servisse per andare più veloce. La barca non ha un motore particolarmente potente, e poi è carica di pesci. "Devo fare presto". Quelle parole si ripetono con un tono martellante, ma più le pronuncia e più ha l'impressione di procedere lento. "Dannazione, sono troppo lento...", e il sudore comincia a colare copioso dalla fronte. Cosa può fare? Una sola cosa. Si ferma un istante e scarica in mare tutto il pescato, senza esitare. Poi riprende il timone e dando gas l'imbarcazione comincia finalmente a prendere velocità. "Solo poche miglia, solo poche miglia" ripete ad alta voce, come se qualcuno fosse li ad ascoltarlo oppure ad osservarlo. Alza lo sguardo verso il cielo per vedere se riesce a scorgere ancora i caccia, ma nulla. Ne sente solo il rombo lontano. Manca davvero poco all'approdo. Il suo villaggio dovrebbe essere al sicuro, si trova proprio sul mare.

Ma questo pensiero non lo fa stare meglio. Deve vederle, deve vederle subito.

Al volo salta dalla barca alla banchina del molo, fissandola in pochi istanti. Corre Branko, corre verso la sua bicicletta che lo aspetta come ogni giorno al solito posto.

Non è legata, non ce n'é bisogno. Tutti sanno che è la sua. Branko comincia a pedalare e da subito si alza in piedi sui pedali per affrontare con spinta la salita che dal piccolo porto si collega alla strada principale. Gira a sinistra e comincia la lunga discesa. Branko continua a pedalare. E' in discesa ma continua a pedalare e la sua bicicletta, paragonabile ad un calorifero di ghisa per via del peso, sembra volare sull'asfalto. Un paio di curve e ci siamo. "Solo due curve Maria, solo due curve". Branko è talmente concentrato sulla sua corsa che non si rende conto di essere il solo per strada; sono tutti spariti, non gira anima viva. Dopo la curva a destra imbocca la breve salita sterrata che porta alla sua modesta casa. L'ha costruita con l'aiuto del vecchio padre e dell'amico Dragan. I mattoni sono ancora a vista, non è intonacata e sulle scale manca la ringhiera. Però le pareti sono intatte, non sono crivellate di colpi di arma da fuoco come quelle che ha visto nei villaggi all'interno, verso Sarajevo. Dal camino esce del fumo. "Sono in casa", pensa mentre sale le scale facendo tre gradini alla volta. La porta è aperta, entra e comincia a chiamare ma senza urlare, "Maria"..."Danica"..., ma non riceve risposta. Allora alza di più la voce, "Maria"..."Danica"... Ancora nessuna risposta.

Comincia a irrigidirsi e quando vede sul tavolo in cucina i resti di una colazione lasciata a metà, la vista si appanna. E' solo un attimo, scuote la testa e si chiede "dove saranno andate...", quasi non ricordasse più le stanze di casa sua. Poi prende la porta sul retro e saltando letteralmente tutti i gradini si fionda sulla portina in ferro arrugginito che dà nel suo piccolo magazzino. E' chiusa a chiave dall'interno.

Comincia a bussare, "Maria siete li?", "Sono io aprimi, ti prego"... Passano alcuni istanti e la serratura comincia a girare. Uno, due, tre scatti e si apre l'uscio di qualche centimetro, giusto per spiare fuori. E' proprio lui, Branko. Maria allora lo lascia entrare, e senza nemmeno parlarsi richiudono la porta e gli piazzano davanti il grosso tavolo dove Branko ripara le sue reti. Compiuto quel gesto che sembra simbolicamente voler tenere fuori tutto il resto del mondo, finalmente si fissano negli occhi e poi si abbracciano. Danica esce da un angolo buio e li raggiunge. Branko allarga le braccia e le racchiude a sé, le stringe forte con quelle stesse possenti braccia che ogni notte e ogni alba tirano in barca le creature del mare, quel mare di cui ha grande rispetto e pudore.

Oggi però non ha pescato pesci, ma uomini.

"Ma è l'amore, è l'amore che ci salverà..."

Le parole finali di Henna gli attraversano la mente, mentre cerca in quell'attimo eterno di capire che cos'è l'amore, di capire perché l'uomo ha bisogno di credere, sperare, sopportare ogni cosa per amore e poi si uccide, si annienta, per questioni di superiorità etnica, di materialismo, di odio, di religione.

Non riesce a farsene una ragione, e mentre pensa stringe. Stringe così forte che Maria alza il capo appoggiato al petto e con lo sguardo dolce lo fissa, come per dirgli "allenta la presa amore mio, siamo qui con te...". Lui intuisce e rilassa le braccia. "Per ora basta pensieri" dice, e si mettono a sedere nel punto più interno della stanza.

Fuori è il nulla totale, non si sentono passare veicoli, e neppure arrivano echi di bombardamenti vicini. L'atmosfera è surreale, ma quello che più conta per Branko è essere lì. Se dovessero sfondare la porta, ha già pensato a come proteggere ciò che più ama con il suo stesso corpo. Non vuole che venga fatto loro alcun male, non vuole che siano umiliate come molte altre donne in quella terra di mezzo. Si ricorda bene ciò che ha visto nell'entroterra: corpi ammassati, distruzione, fuoco, fame e miseria totale, violenza. Si ricorda delle notizie agghiaccianti arrivate da Mostar, dopo l'assedio e nei giorni successivi in cui le forze dell'HVO e le sue divisioni minori erano impegnate in un' esecuzione di massa, pulizia etnica e stupri sulla popolazione bosgnacca della Mostar Ovest e dei suoi dintorni insieme ad un incessante assedio della parte est a guida musulmana. E rammenta pure quanto, in quei momenti, si è ritenuto fortunato di abitare nel piccolissimo lembo di costa dell'Erzegovina che da sull'Adriatico, abbastanza lontano dalle zone più calde del conflitto. Ora però sembra essere cambiato qualcosa, non si sente più

così al sicuro. Ma sono pensieri che tiene per
sé.

Nel frattempo le ore scorrono e la luce che
penetra dal basso delle porticina si fa sempre
più corta, fino a scomparire. Danica comincia
ad aver fame e sete. Bisogna trovare una
soluzione, ma quale? Fuori continua a regnare
il silenzio; sarà tutto finito oppure la
situazione è ancora pericolosa? Se fosse tutto
finito Dragan sarebbe venuto a cercarlo,
oppure forse Dragan non ce l'ha fatta. E se
fossero tutti morti o scappati già dall'alba?
In effetti, ripensa Branko, nel tornare a casa
non aveva visto o incrociato anima viva.

Ma qualcosa ora attira la sua attenzione.
Comincia a sentire dei rumori che provengono
dal piano superiore. Sembrano passi, ma non ne
è sicuro. Indica a Maria e Danica di stare giù
accovacciate e in totale silenzio, mentre lui
protende l'orecchio e cerca di concentrarsi
per capire che succede. I passi si fanno
sempre più pesanti e non sono quelli di una
persona sola. Sente che si sovrappongono,
devono essere minimo in due, se non tre. E
fanno avanti e indietro. Gli pare anche di
sentir parlare, ma non riesce a distinguere
nulla, né parole né tono di voce che sia
maschile o femminile.

Poi il silenzio.

Un silenzio che non lo fa sentire più
sicuro, un silenzio che alimenta i suoi dubbi.
"chi sono e dove saranno andati?", si chiede.
Passano alcuni secondi che gli sembrano
lunghissimi, e di nuovo sente delle voci che
parlano tra loro. Adesso ne distingue il tono,
è maschile. Sono uomini, ma saranno gente del
paese oppure soldati? Si domanda anche per

quale ragione non riesca a distinguere ciò che dicono.

Lo percepisce che sono proprio lì fuori ma nonostante parlino ad alta voce non capisce cosa si stiano dicendo, quasi stessero parlando una lingua da lui mai sentita prima. Ora il volume della loro voce è davvero alto. Branko è impalato a meno di un metro dalla porta, solo il tavolo appoggiato prima lo divide dall'ingresso. Maria allora si alza e prendendolo per una mano cerca di tirarlo a sé, guardandolo fisso negli occhi quasi potessero parlare per dirgli "allontanati dalla porta, stanno cercandoci non hai sentito?".

Ma il corpo di Branko sembra diventato un macigno, non si scosta di un millimetro e lui sembra avere lo sguardo assente.

Maria a quel punto molla la presa e torna a proteggere Danica con il proprio corpo, abbracciandola forte e coprendole con la mano lo sguardo, quasi prevedendo che sta per accadere qualcosa di terribile e che non deve vedere.

Bum bum bum. Tre pugni secchi sbattono in rapidità contro la porticina in ferro, facendola tremare e vacillare. Un suono violento, penetrante e agghiacciante allo stesso tempo. Un suono che manda in fibrillazione il cuore di Branko che di soprassalto si risveglia, quasi se ne fosse andato chissà dove. In un baleno afferra una fiocina e portando la gamba destra in avanti si posiziona per la difesa.

Bum bum bum. Di nuovo.

Dei calcinacci si staccano dalla parete in prossimità delle cerniere della porta e il tavolo si scosta all'indietro di qualche centimetro. Non potrà resistere ad un terzo attacco.

Bum bum bum. Di nuovo.

7 Il pescatore di uomini (corpo)

"Aprimi, lo so che siete lì dentro".

"Sono io, Dragan. Non farmi buttare giù la porta, non c'è pericolo".

Quelle parole, "sono Dragan", accendono il cervello di Branko e il cuore si calma, sembra tornare nella sua posizione originale. Dalla gola ritorna nel petto, sulla sinistra.

Di lui si fida, hanno condiviso tanto insieme, si sono aiutati reciprocamente in mille occasioni. E' come un fratello. Non sa con chi altri sia in quel momento, ma di lui sente che può fidarsi ciecamente.

Scosta il tavolo e apre la porta. E' proprio lui, Dragan. E alle sue spalle ci stanno Mako e Stevo, altri due amici pescatori. Dire che tutti in quella stanzetta buia tirano un sospiro di sollievo è ben poca cosa. Un rapido abbraccio e la famiglia di Branko mette il naso fuori, all'aperto.

Dopo aver inspirato un po' di aria pulita, comincia la danza delle domande e il relativo botta e risposta tra Branko e Dragan.

B: "Cosa è successo?"

D: "Ci sono stati nuovi raid aerei della NATO"

B: "Quando sono attraccato al molo non ho visto né incontrato nessuno, sembrava un paese fantasma. Dove eravate finiti tutti?"

D: "La maggioranza della gente ha raggiunto la moschea e si è rifugiata all'interno; altri come voi si sono nascosti nelle cantine o nelle rimesse"

D: "Voi come state? Cosa ti ha spinto a decidere di rientrare prima del tempo?"

B: "Stavo raccogliendo un carico e ho sentito gli aerei passarmi sopra la testa. Ho mollato tutto e sono corso qui. Come vedi stiamo bene"

Branko non se la sente di entrare nei particolari, di dire che in realtà si era addormentato perché le sue forze non sono più le stesse di un tempo e che aveva vissuto momenti di grande agitazione. Preferisce dare l'idea di quello che aveva tutto sotto controllo, e più che per orgoglio, lo fa per non preoccupare troppo Maria.

D: "Adesso cosa volete fare? Volete venire con noi al villaggio o preferite restare qui? Si dice che al momento non vi sia pericolo, ma io sarei più tranquillo se ci seguiste"

B: "Ti ringrazio amico mio, ma credo che io e Maria preferiamo restare qui. Nel caso vi raggiungiamo, stanne certo"

D:"Ok, mi raccomando però. Domani non uscire in mare, resta a casa"

B:"Va bene, seguirò il tuo consiglio, anche se oggi ho dovuto ributtare in mare tutto il pescato e stiamo finendo i soldi..."

Sentendo quelle parole interviene Maria, con tono amorevole e rassicurante e posando la mano sull'avambraccio di Branko gli dice:"Non preoccuparti caro, ce la caveremo. Ho tenuto da parte un po' di farine e dello scatolame. Non è il massimo, ma per lo meno ci strapperà ai morsi della fame, vero Danica?"

Danica sorride e annuisce con la testa; ha da poco passato i 10 anni ma già conosce bene alcuni disagi che altri bambini della sua età, e che vivono a qualche centinaia di chilometri oltre il suo adorato mare, nemmeno immaginano. Quindi, cosa vuoi che sia un po' di dieta forzata? L'importante è che sono lì, tutti insieme. Che il suo papà è lì con lei.

La guerra, l'ultima delle tante nella sua terra, è cominciata quando lei aveva circa 7 anni. Non sono mai rimasti senza cibo, perché il lavoro di papà ha sempre garantito almeno un pesciolino sotto i denti. Però, la povertà si è fatta sentire. Eccome. Si ricorda quando mamma e papà l'avevano lasciata alla nonna di Dragan per qualche giorno e con il pullman si erano recati a Sarajevo. Lei aveva bisogno di occhiali, gli stessi, diventati un po' stretti, che ancora oggi indossa. La sera prima della partenza aveva sentito mamma che chiedeva a papà Bra, come lo chiama lei, come avrebbero fatto a pagare quegli occhiali. Lui le aveva risposto "non preoccuparti, quando siamo a Sarajevo troveremo un modo". Lei non ha mai saputo come ci riuscirono, ma tornarono con i suoi occhialetti.

Le diottrie non erano esattamente quelle che le servivano, ma lei aveva fatto finta di nulla e comunque un pochino meglio ci vedeva di sicuro. Col tempo aveva capito che portarla con loro sarebbe stato troppo pericoloso per lei, e quindi andava bene così.

Maria si rivolge ora ai tre amici chiedendo se desiderano un po' di caffè caldo prima di rientrare al villaggio: "ve lo preparo in un attimo"; ma loro gentilmente declinano perché il buio si avvicina e salutandoli si allontanano verso il sentiero che costeggia la loro casa ricongiungendosi dalle parti della casa di Mako, non troppo lontano dalla piazza del paese.

Branko, Maria e Danica ritornano dunque in casa. Lui si dà da fare per riattizzare il fuoco del camino, mentre Maria e la piccola preparano la cena, focaccia e sardine. Maria è una donna eccezionale. E' davvero il perno dell'economia domestica di quella casa. Oltre ad amministrare abilmente il poco denaro di cui dispongono, sa arrangiarsi in ogni cosa. Inoltre è gentile con tutti e questa sua innata virtù spinge spesso il prossimo a contraccambiare con piccoli doni. Qualche uova, un po' di latte di capra, insalata, un polletto, qualche indumento per Danica oppure penne e quaderni per la scuola. Inoltre, è bellissima. Branko la osserva con la coda dell'occhio mentre sta piegato a terra e carica di legna la fiamma scoppiettante. Il calore del fuoco gli scalda un lato del viso mentre l'altro è praticamente con l'occhio incollato alla sua Maria. E' vero, Maria non ha mani ben curate, ma vederla mentre le porta elegantemente alla testa per allacciarsi stretto il foulard, gliele fa apparire come le più delicate e dolci del mondo.

Branko si incanta a guardarla, tant'è che Maria, accortasene, sollevando il sopracciglio sinistro e agitando il dito indice destro lo rimprovera scherzosamente: "Branko!, che ti guardi?...attento a quello che fai!...ci manca solo che incendi la casa e siamo a posto per oggi".

Come non avesse parlato. Branko continua a fissarla, allora lei risoluta rincara la dose: "Branko?!Allora??". In quel momento, lui volge completamente la faccia nella sua direzione e lei coglie uno sguardo diverso ma non sconosciuto. Lo conosce, anzi lo conosce benissimo. Solo lui la guarda in quel modo e attraverso i suoi occhi le dice cose meravigliose, cose che lei ama sentirsi ricordare e sussurrare. Bastano pochi istanti e Branko è già in piedi davanti a lei e stringendola tra le braccia la bacia teneramente sulla bocca. Lei ha entrambi i palmi delle mani appoggiati al petto grande e forte del suo amato, e riesce a sentirne perfettamente il battito del cuore che accelera. Sia a destra che a sinistra, tant'è che si chiede per un attimo dove trovi alloggio il cuore di Branko. Poi, una giovane voce fa tornare entrambi alla realtà. "Mamma, voglio anche io un abbraccio!...". "Ma certo", le dice papà Bra, "vieni qui". Un ultimo sguardo di intesa con Maria e la piccola è già in braccio ai due che se la coccolano e sbaciucchiano tutta. Dopo cena, decidono che per quella notte sarebbe stato saggio dormire tutti insieme nella zona giorno e con i vestiti addosso, nel caso di fuga improvvisa.

La piccola Danica, con gli occhi ormai arrossati dalla stanchezza, viene messa sul divano, dove di lì a poco Maria le promette che l'avrebbe raggiunta. Il tempo di poggiarle la testa sul cuscino preso in prestito dalla cameretta e la bimba se ne va nel mondo dei sogni. Branko invece ha deciso che sarebbe restato sveglio o al massimo si sarebbe appisolato un po' appoggiato al tavolo. Ora che la situazione appare più calma, decide quindi di fare un bilancio della giornata e non può non pensare a quel bel carico di pesci ributtato a mare. Maria lo conosce bene, e prima di coricarsi si avvicina a lui e da dietro le spalle lo abbraccia poggiando la fronte sul suo capo. Gli sussurra delle semplici parole, ma che per lui hanno un peso enorme: "L'hai fatto per amore Branko, l'hai fatto solo per amore". Con la mano destra gli accarezza il viso barbuto e prima che si stacchi lui l'afferra dolcemente e se la preme sulla guancia inclinando il capo, quasi quella mano fosse un collegamento diretto con il cuore di Maria. Ne sente il calore e il profumo. Poi lei indietreggia e si allontana per riposarsi un po'.

"L'hai fatto solo per amore".

Quelle parole continuano a riecheggiare nella sua mente, mentre il buio prende il sopravvento nella stanza. Il cielo fuori è minaccioso, grandi nuvole si sono ammassate sulla linea del mare e dalla finestra entra il rumore delle onde che s'infrangono con forza contro gli scogli. Lui sapeva che il tempo sarebbe cambiato, ed era per quella ragione che aveva deciso di uscire in mare a pescare la notte prima.

Per alcuni giorni sarebbe stato impossibile avventurarsi tra le acque a causa della mareggiata e non poteva lasciarsi scappare l'occasione. Il lavoro gli serve per prendersi cura di Maria e Danica. E' troppo importante.

"L'ho fatto per amore, ho rinunciato ad un gesto d'amore, perché questo lavoro lo faccio per loro, per un altro gesto d'amore, essere qui con loro". "Beh", dice fra sé, "alla fine Branko non sei così male". E mentre questo pensiero lo lascia, decide di avvicinarsi alla finestra. Il mare lo sta chiamando. Come ogni notte. A volte gli pare di sentirne la voce. Quando è là fuori tutto solo, pensa a chi lo aspetta a casa. Quando è a casa, si sente attratto da ciò che sta fuori. Specifichiamo, non da persone o posti qualsiasi dove divertirsi o fare altro, ma solo da lui, dal mare. E mentre si concentra su questo particolare si chiede: "ma io, in fondo a chi appartengo veramente? A Maria o al Mare?".

Tornato verso il tavolo, si siede e vi appoggia i gomiti incrociando le braccia a mò di cuscino. Abbassa il capo e di colpo si addormenta. Dorme Branko. Meritatamente. E' davvero esausto, e nonostante i buoni propositi non è riuscito a mantenere gli occhi aperti. Qualcosa però pare tormentarlo. Nel sonno la sua mente gli sta giocando un brutto scherzo, facendo un minestrone dei fatti accaduti in giornata e di altre cose frutto della sua immaginazione. Comincia a sudare. Nella sua testa appaiono e scompaiono immagini surreali. Un pesce che stava nella rete salta fuori e fissandolo si mette a parlare dicendogli: "oggi dovrai essere pescatore di uomini, lasciaci andare". Poi all'improvviso si vede di fronte l'amico Dragan.

Sembra essere ubriaco, o forse è ubriaco lui, è tutto sfocato, quasi psichedelico. Ma le sue parole echeggianti gli arrivano dritte dritte come una lama: "Te l'avevo detto di startene a casa perché avrebbero iniziato a bombardare. Non mi hai ascoltato e hai visto cosa è successo? Maria e Danica erano spaventate a morte. Pensa a cosa sarebbe potuto capitare se non fossi tornato in tempo?" Dragan scompare nella foschia e la scena cambia di nuovo. Branko si vede sprofondare nel mare e mentre sta affondando ad occhi aperti vede la luce del sole sopra di lui oscurata dal continuo passaggio di aerei da guerra. Cerca di allungare le braccia, per raggiungere di nuovo la superficie, ma un peso lo tira giù. Si volta, ed è la sua stessa rete che sta andando a fondo portandoselo dietro. Gli manca il respiro e si sente svenire, quando gli appare lei, Maria. Non la Madonna, ma la sua Maria. E' particolarmente bella e luminosa in viso e gli tende una mano. Lui l' afferra e si ritrova d'un tratto tra le sue braccia. Sono sulla spiaggia e si sente al sicuro, protetto. Non gli pare vero. Lei lo riscalda con il calore del suo corpo e ad un certo punto dalla veste tira fuori un seno e comincia ad allattarlo. Lui si mette a poppare come un neonato, ma quasi subito rinsavisce e staccandosi la guarda negli occhi come per dirle "che cosa sto facendo, non sono un poppante, sono un uomo". Nemmeno il tempo di sfiorarle il viso per accarezzarla e tutto diventa buio, buio come la pece. L'oscurità viene bruscamente urtata da un forte rumore, bum bum bum... Si volta Branko, gira su se stesso preso dal panico, di nuovo bum bum bum...ancora più forte di prima.

Una mano lo tocca sulla spalla e si sveglia di soprassalto.

E' Maria, che con gli occhi ancora mezzi chiusi gli sussurra: "stanno bussando, vai a vedere chi può essere a quest'ora..."

Branko si ricompone, passandosi una mano tra gli scuri capelli e stropicciandosi gli occhi. Raggiunge la porta e la apre. Gli appare Mirko, spaventatissimo e con una torcia in mano.

"Dragan e gli altri non sono ancora tornati, ti prego aiutami Branko...non so più dove cercarli!!".

"Ma che ore sono Mirko?"

"Sono le cinque passate"

"Le cinque? Ma da qui se ne sono andati ieri verso l'ora di cena..."-"Maledizione, cosa sarà successo?"

Il tempo di indossare una felpa sopra la maglietta un po' umida portata ormai da due giorni e Branko decide di unirsi a Mirko nelle ricerche. Maria, ormai sveglia, è molto preoccupata. Conosce bene Dragan, sa quanto è prudente ed esperto. Deve essere successo sicuramente qualcosa di anomalo.

"Branko, dovete andare subito a cercarli; non preoccuparti per noi. Nel caso ci nascondiamo di nuovo nella rimessa"

"Ok Maria, faremo così. Vieni Mirko, prendiamo il sentiero dietro casa. Ho visto che partivano da qui per accorciare il cammino verso il paese"

"Va bene Branko, ti seguo"

Sono le cinque del mattino, il buio non è più così profondo come nel cuore della notte, ma nonostante le luci dell'alba il cielo coperto da nubi grigie e il forte vento che spazza gli alberi non rendono facile la visibilità.

I due si incamminano sul sentiero che dalla casa di Branko si addentra nella pineta che costeggia la strada costiera. Tante volte da ragazzini hanno giocato in quel bosco e altrettante vi si sono persi, quindi ora lo conoscono bene. Alle spalle della boscaglia si erge la montagna, e su quelle vette di rifugi e trincee della seconda guerra ce ne sono parecchie. Che qualcuno li abbia presi e portati lì? Mentre camminano a passo svelto, fanno luce tra gli alberi ma tenendo la torcia puntata a terra. Non si sa mai, meglio non rendersi troppo visibili. Dopo circa un chilometro giungono ad un bivio, a destra si prosegue verso il villaggio che dista solo un altro chilometro, mentre a sinistra si imbocca il sentiero verso la montagna. Prendono una decisione.

"Io dico di percorrere prima il sentiero che porta al paese, tanto sono solo alcune centinaia di metri. Poi torniamo indietro e prendiamo la strada verso la montagna"

"Ok Branko, sono con te"

In meno di cinque minuti arrivano ai bordi del paese, il sentiero spunta proprio dietro la casa di Mirko e giusto il tempo di avvisare i suoi genitori dell'accaduto che i due tornano sui loro passi. Arrivati di nuovo al bivio girano verso la montagna, dove la boscaglia si fa più fitta e il sentiero è meno pulito dell'altro essendo poco praticato.

Branko procede davanti silenzioso e svelto. Nonostante sia di mestiere un pescatore, sa dove mettere i piedi anche nei sentieri sterrati. Passo dopo passo pensa alle possibili ragioni di quella scomparsa. La guerra ha coinvolto tutti, serbi, bosniaci e croati. Un tutti contro tutti.

Dopo gli ultimi massacri a Srebernica e Markale anche le forze delle Nazioni Unite parevano entrate in difficoltà. "Troppi cani sciolti" pensa. Pertanto Dragan e i suoi potevano essere finiti nelle mani di chiunque in un momento in cui non ti potevi fidare di nessuno, nemmeno del tuo vicino di casa.

Passata un'ora di cammino, Branko e Mirko si ritrovano quasi ai piedi della montagna, laddove la boscaglia si dirada un po'. Mirko è molto stanco, sono ore e ore che sta cercando i suoi amici e Branko gli propone di riposare un attimo. Mentre sono seduti ai bordi della boscaglia è proprio Mirko a notare del fumo grigio che si alza debole da un punto alla loro destra, oltre una verde collinetta. Fa un cenno a Branko.

"Ehi...........guarda là...........c'è del fumo.....sembrerebbe un fuoco..."

E' agosto, forse a qualcuno potrebbe sembrare strano pensare ad un fuoco acceso, ma è l'alba e il tempo è inclemente. Se poi aggiungiamo il fatto che nei boschi la corrente elettrica non c'è, come del resto in molte case della zona, l'idea di un fuoco acceso per scaldare qualcosa è assai realistica. Branko osserva, e mentre pensa ad una strategia si rende conto della loro reale situazione; non sono armati e sono solo in due.

Se qualcuno ha preso i suoi tre amici deve essere sicuramente in superiorità numerica e armato. Fino a quel momento non aveva fatto mente locale su quei dettagli così importanti; aveva agito d'istinto e rapidamente, non aveva valutato nessuna tattica o possibili situazioni di conflitto. E adesso, cosa poteva fare? "Certo, in ogni caso saremmo stati comunque disarmati...non abbiamo armi in casa e dove potevo trovarle di sana pianta", pensa tra sé.

Preso atto del fatto che avrebbero dovuto arrangiarsi con quello che trovavano, decide che devono avvicinarsi silenziosamente per avere chiaro il quadro della situazione. Potrebbe anche trattarsi di un semplice pastore intento a farsi gli affari suoi. Quindi, fanno qualche passo indietro nella boscaglia e sgattaiolando nella direzione del fumo, sempre meno intenso, si appostano dietro ad alcuni grossi massi di roccia.

"Tu stai qui Mirko, io mi avvicino alla collinetta strisciando. Se senti urlare o vedi qualcosa di strano scappa e corri a chiedere aiuto"

"Ma Branko, io voglio esserti di aiuto!"

"Appunto!, il modo migliore per aiutarmi è andare a cercare rinforzi...ricordati che siamo disarmati"

"Va bene, farò come dici"

Mentre pronuncia quelle parole, Branko si sente terribilmente solo. Chiude gli occhi e vede la sua amata Maria che gli dice "l'hai fatto solo per amore"...

Decide che ancora una volta avrebbe compiuto un atto d'amore, rinunciando a salvare se stesso se necessario e anche se questo avrebbe comportato un grande dolore per la sua famiglia, pur di ritrovare i suoi amici. Sa che Maria, se fosse lì, gli direbbe "Vai!".

Riapre gli occhi e si butta a terra cominciando a strisciare nell'erba. Mentre avanza comincia a sentire alcune voci. Gli sembra croato, ma gli accenti paiono confondersi. Arrivato al bordo della collina, solleva leggermente il capo e gli appare finalmente la dura realtà. Sono uomini del HVO, saranno una decina circa.

Il fatto che siano lì da soli e così distanti da Mostar vuol dire che formano uno squadrone della morte, agiscono per conto loro. Si sentono forti; dopo l'Operazione Tempesta l'odio si è fatto ancora più intenso e assieme anche la sete di morte. Alcuni sono seduti intorno a quella che sembra una caffettiera in prossimità del fuoco, un altro è vicino ad un mezzo su quattro ruote con il cofano aperto. Altri due sono in piedi e ben armati. Dietro di loro gli pare di scorgere qualcuno seduto a terra, con il capo abbassato e coperto da un sacco. Nota subito che non indossano vestiti militari, quindi sono dei civili. Cerca di fare uno sforzo mentale per ricordarsi com'era vestito la sera prima Dragan, ma non ci riesce. Allora a sottovoce pronuncia il suo nome, "Dragan, se sei tu voltati ti prego..." Non ci crederete, ma in quel preciso momento uno degli uomini seduti a terra volta il capo coperto nella sua direzione. "E' lui, è lui..." e dentro di sé

prova una grande emozione mista tra gioia per
averli trovati e panico nel non sapere cosa
fare per liberarli. Si gira verso Mirko che lo
sta osservando e con la mano sinistra alza il
pollice. Mirko capisce al volo e gli fa un
cenno come per dire "Adesso ti raggiungo", ma
lo stop imposto dalla mano di Branko lo
rimette a sedere. Branko pensa, cerca di
trovare qualcosa che accomuni ciò che dovrà
fare ora al suo mestiere di pescatore, nella
speranza che l'ispirazione partorisca un
piano. Ma niente, gli sembra di avere la zucca
vuota. E in effetti c'entrano ben poco i pesci
con quelli del HVO. Alcuni dei soldati
cominciano a muoversi, sembra che stiano per
partire. Il tempo stringe.

"Dannazione Branko, fatti venire un'idea,
forza!", ripete nella sua testa.
All'improvviso comincia a sentire degli spari
e vede i soldati entrare in confusione. Un
paio vengono colpiti, mentre gli altri
cominciano a urlare e a guardarsi intorno per
capire da dove provengano i proiettili. Se
cercano nella sua direzione è spacciato, ma
fortunatamente altri colpi di mortaio arrivano
sull'accampamento ed ora è chiaro che
provengono dalla montagna. L'uomo vicino alla
jeep viene colpito e si accascia sul motore.
Allora i due che stavano di guardia ai civili
li fanno alzare e prendendoli per il braccio
sembrano volerli portare via in quella che
pare ormai un'inevitabile fuga. Ma poi un
altro soldato che indossa un berretto calato
sugli occhi gli fa cenno di lasciarli e con il
braccio richiama tutti gli altri dello
squadrone invitandoli animosamente a seguirlo.
Probabilmente è il loro capitano. Mentre
battono la ritirata sparano nella direzione

della montagna, ma chiaramente i colpi vanno a vuoto. Il nemico è invisibile ai loro occhi.

I quattro civili rimangono lì impalati per qualche secondo e poi uno di loro si accascia a terra. Allora anche gli altri tre fanno lo stesso. Branko ora è indeciso. Chi ci sarà su quella montagna? Fuoco amico? O altri partigiani di chissà quale schieramento? Forse sono uomini della VSR. La verità è che non può tirarsi indietro proprio adesso, proprio ora che tutto sembra andare in suo favore. Allora comincia a chiamare ad alta voce "Dragan, sto venendo a prendervi, sono io Branko"-"restate a terra, ora cerco di raggiungervi". Facendosi coraggio Branko si alza in piedi e correndo con il busto abbassato in avanti si dirige verso i suoi amici.

Mentre avanza si chiede se verrà colpito, ma incredibilmente regna il silenzio totale. Non sente nemmeno più le grida dei soldati in fuga. Solo il suo respiro. Sente solo il suo respiro. Finalmente raggiunge Dragan e gli toglie il sacco dalla testa. I due si guardano negli occhi e fissandolo con uno sguardo profondo Dragan gli dice "amico mio, oggi hai pescato uomini". Branko si ferma un attimo, poi annuisce con la testa e si sposta sugli altri tre per liberargli la testa dai sacchi. Non c'è tempo per tagliare le fascette di plastica che legano i polsi. Bisogna fuggire.

"Presto seguitemi in fretta e state con il busto abbassato, dopo vi libererò le mani"

In fila indiana e molto rapidi si dirigono verso la collina da dove Branko è spuntato poco prima. Non guardano indietro. L'hanno quasi raggiunta quando un sibilo, un fischio, irrompe nell'aria. Branko non fa in tempo a girarsi che una forte esplosione alle loro spalle sposta l'aria che gli sta intorno.

Dalla montagna hanno colpito il mezzo a quattro ruote e ora è in fiamme.

"Via via!!"

Scollinano e si precipitano nel bosco, seguiti anche da Mirko che dalla sua posizione ha visto ben poco della scena.

Corrono. Branko e i suoi corrono senza fermarsi e senza voltarsi. Hanno il cuore in gola. Comincia pure a piovere. Quando la montagna è completamente nascosta dagli alberi Mako chiede a Branko di fermarsi.

"Fermiamoci ti prego, mi sanguinano i polsi. Toglieteci le fascette..."

"Va bene, qui siamo al sicuro. Ma non ho con me il coltellino"

Dragan scoppia a ridere.

"Ma come!, sei venuto a salvarci senza fucile e pure senza coltellino??"-"E come pensavi di fare?? Volevi prenderci con una rete??!!"

A quelle parole tutti fanno seguire delle fragorose risate, risate liberatorie, risate per scaricare paura e stress. Anche Branko ride, sfregandosi la testa come fosse un ragazzino che ne ha appena combinata una.

"Prendi il mio coltellino, sta nello stivale" gli dice Mirko.

Uno ad uno Branko libera i suoi amici e anche il quarto uomo, che dice di chiamarsi Slobodan e che non è del loro villaggio. Quel nome non gli piace, gli ricorda un personaggio dalla moralità alquanto discutibile, un tale

Milošević; ma in fondo lui che colpa ne ha se si chiama in quel modo, chissà quanti serbi fanno di nome Slobodan.

Una pacca sulla spalla e via, si riparte subito perché sanno che non è ancora finita. Loro adesso stanno bene, ma a casa molte persone sono parecchio in pensiero; devono raggiungerle il prima possibile e buttarsi alle spalle l'accaduto.

La pioggia intanto si fa sempre più fitta e l'umidità è davvero notevole, proprio come aveva previsto Branko. Procedono rapidi lungo il sentiero, ma senza correre e ognuno pare essere assorto nei propri pensieri. Dopo l'entusiasmo della liberazione, è calato da qualche minuto il silenzio.

Tante domande girano vorticose nella testa di Branko. Chi saranno stati quelli che dalla montagna hanno sparato sulla squadra del HVO? Perché anche Dragan appena l'ha visto ha pronunciato le stesse parole di Maria e del pesce durante l'incubo notturno "oggi hai pescato uomini"? E questo Slobodan da dove salta fuori? Nessuno ne parla, nessuno lo conosce. Sarà prudente portarlo al villaggio? Maria cosa farebbe? Come starà la piccola Danica? Avrà fatto degli incubi anche lei? E se il suo sogno rappresentasse qualcosa? Certo, la rete, gli aerei, il mare, anche Maria stessa fanno parte dei suoi pensieri quotidiani e di scene a cui aveva assistito in quelle ore. Non sono stranezze, ma il contesto non lo convince. Ad esempio, perché nel sogno si mette a poppare dal seno di Maria come un neonato? Che vorrà mai dire? E poi, la stessa rete che con forza ogni santo giorno tira a sé sulla barca, nel sogno lo stava facendo affondare nel mare. C'è qualcosa di strano. Va bene lo spavento, lo stress, la stanchezza. Ma c'è qualcosa di strano e deve scoprirlo. "Non oggi", pensa,"ma devo scoprirlo".

Ancora pochi metri e saranno al bivio che porta al paese sulla sinistra e alla casa di Branko sulla destra. Lui probabilmente lascerà il gruppo per raggiungere in fretta Maria e Danica. Mentre si gira per avvertire Mirko e Dragan, si accorge che in fondo manca qualcuno. Si scosta per osservare meglio e vede che Slobodan è scomparso.

Richiama a sé Dragan: "ehi, quel tizio è scomparso...non c'è più"

"Chi?Slobodan?...meglio così, non sapevamo niente di lui...non ha proferito parola e poi non ti ha nemmeno ringraziato..."

"Mmm, qualcosa non mi convince Dragan...e se quelli che hanno sparato dalla montagna fossero amici suoi e volessero liberare lui?"

"Che ti importa Branko, anche se fosse così alla fine quell'assalto ha favorito la fuga di tutti.....se è tornato da loro, buon per lui...dai andiamo avanti che manca poco"

"Ok, forse hai ragione tu, in fondo che ci importa. Pensiamo a raggiungere le nostre famiglie"

Arrivano al bivio e dopo essersi salutati si dividono. Branko gira a destra e comincia a sentire nelle narici il profumo del suo mare; in linea d'aria sarà a poco più di un chilometro e l'odore della pioggia pare non coprirlo minimamente. Comincia anche a sentire il profumo di Maria, delle mani della sua dolce e amata Maria. Chissà, forse starà preparando qualcosa per il pranzo e poi non vede l'ora di togliersi quei panni bagnati, anzi, inzuppati.

Decide allora di fare l'ultimo strappo e si mette a correre. Occhio a non scivolare Branko, ci manca solo che ti rompi un braccio!

"Pochi metri, solo pochi metri"

Spunta il tetto della casa in lontananza, il camino fuma.

"Pochi metri, solo pochi metri"

Tante certezze lo attendono, ma alcune questioni meritano ancora di trovare delle risposte. Ma non oggi. Domani. Domani forse le chiederà al mare. Oppure a Maria. Ma comunque domani.

Toc Toc.

"Chi è?"

"Sono io Maria, aprimi..."

8 Il pescatore di uomini (explicit)

Sono passati diversi giorni dalle ultime avventure di Branko. Nel frattempo alcuni fatti importanti hanno visto la luce. L'Operazione Deliberate Force è proseguita fino al 14 Settembre, giorno in cui gli attacchi aerei della NATO sono finalmente stati sospesi per consentire l'attuazione di un accordo con i serbo-bosniaci sul ritiro delle armi pesanti intorno a Sarajevo. Inoltre il giorno 26 dello stesso mese è stato raggiunto un basilare accordo di pace a New York tra i ministri degli esteri della Bosnia ed Erzegovina, della Croazia e della Repubblica Federale di Jugoslavia. La guerra non è del tutto finita, ma all'orizzonte si vede chiaramente la volontà di far entrare in vigore un cessate il fuoco.

In queste settimane di grandi cambiamenti com'è proseguita la vita di Branko?

Dopo gli eventi burrascosi di agosto e con il migliorare del tempo, Branko ha ripreso la sua attività a pieni ritmi. Ora mancano solo un paio di giorni a ottobre. Sa che sarà un mese denso di significati storici per la sua amata terra. Non è particolarmente esperto di politica nazionale o internazionale, ma dalle informazioni che ha acquisito tramite i tg alla tv presume di aver capito cosa sta per accadere. Processo di Pace. Non è la prima volta che in vita sua sente parlare di pace. Il suo livello di fiducia verso governanti e istituzioni non è comunque classificabile, perché dopo tante promesse ora preferisce vedere qualche fatto prima di schierarsi chiaramente.

Maria e Danica come stanno? Beh, conosciamo bene la forza delle donne. Hanno superato quei momenti difficili; momenti che sono andati ad aggiungersi a moltissimi altri ricordi drammatici che preferirebbero non avere. Ma ora che il clima generale è cambiato e che le notizie hanno un tono più positivo, la paura sembra essersi ridimensionata anche per loro.

Abbiamo lasciato Branko mentre alcuni interrogativi importanti gli balenavano per la testa. Dal canto suo, quel "domani", giorno in cui avrebbe cercato di capire o di trovare risposte, non era ancora arrivato. Non perché non ritenesse più importante fare chiarezza dentro se stesso.

Piuttosto sentiva il bisogno di recuperare forze, di alleggerirsi da quel carico emotivo così pesante e mai vissuto prima. Per tali ragioni era rimasto tutto in stand by.

Ora è sera. E' un sabato. Quella notte Branko non uscirà in mare. Di sabato non lo fa mai. La sua è una forma di rispetto verso la sacralità della famiglia perché la domenica è dedicata esclusivamente a loro. Ha persino rifiutato alcune offerte economiche per mettere a disposizione la sua barcarola per alcune brevi gite turistiche lungo la costa. Va bene il bisogno di denaro, ma la domenica no, non si tocca.

Sono circa le ventidue e con l'accorciarsi delle giornate il buio è calato già da un po'. Comincia a fare freschino e anziché starsene alla finestra Branko decide di uscire dall'ingresso e mettersi a sedere sui gradini delle scale, rivolto nella direzione del suo mare. Maria e Danica invece sono davanti alla televisione e guardano divertite un quiz, ovviamente sintonizzate su un canale italiano. Già, l'Italia. Sta esattamente di fronte a lui, ma non c'è mai stato. La luna è piena e il mare pare molto calmo, nonostante le previsioni meteo accennassero ad un po' di maretta. Sembra una tavola piatta e il luminare si riflette sull'acqua creando quell'effetto luccicante che piace tanto a lui. Branko osserva il cielo. Ha il capo appoggiato al muro e il mento leggermente sollevato. Ogni tanto si accarezza la barba, sta meditando di tagliarla. Anzi, Maria gli ha chiesto di raderla. Dice che sembrerebbe più giovane. Probabilmente sarebbe giusto accontentarla.

Mentre pensa a lei, il caso vuole che Maria esca sull'uscio.

"Branko, non hai freddo solo con la maglietta? Meglio che indossi almeno una felpa"

"Hai ragione, ma non ho voglia di alzarmi, si sta così bene qui..."

"Non preoccuparti, te la prendo io. Tu stai lì comodo. Già che ci sono ti porto pure una Radla ok?"

"Sarebbe perfetto...ti amo..."

Maria scompare per un attimo. Entra in camera e dal cassettone tira fuori una felpa. Poi passa dalla cucina, apre il frigo e prende una lattina. Raggiunge Branko sugli scalini e gli porge dapprima la felpa e poi poggia la lattina di fianco a lui, qualche gradino più su. Un rapido bacio a stampino sulla fronte e lo lascia a meditare. Il quiz la attende.

Branko indossa la felpa e al momento non si accorge di quale capo si tratti. Mi spiego meglio; quella non è una felpa qualunque. Passano pochi istanti e comincia a sentirsi strano, come turbato. Un improvviso freddo sembra averlo assalito. Si sfrega le mani pensando "ma come, ho più freddo adesso di quando avevo solo la maglietta...mah...". Poi un dubbio lo assale e comincia a collegare. Osserva le maniche della felpa e ruotando l'avambraccio scopre i gomiti ancora macchiati di verde. Di un verde che Maria non è riuscita a far andar via con i lavaggi. Ora è chiaro. E' lei, è la felpa che Branko indossava il giorno della scomparsa dei suoi amici.

E quel verde è il ricordo dell'erba dove ha strisciato per raggiungere il punto di osservazione sulla collinetta vicino alla montagna. La serenità provata un attimo prima improvvisamente scompare, lasciando lo spazio a sentimenti completamente diversi.

Gli occhi si sbarrano, Branko si assenta. Il mento non è più rivolto verso il cielo ma verso le sue scarpe che sembra fissare senza motivo. In realtà guarda nel vuoto. Non vuole chiudere gli occhi, perché sa come andrebbe a finire. Un salto nel tempo. Un flashback che vorrebbe risparmiarsi, ma forse è giunta l'ora di tirare le somme. Non può continuare a far finta di nulla.

Li chiude. La mente in un istante fa partire immagini, suoni, voci di quei due giorni così intensi e poco ordinari. Rivive tutto e di più, come risucchiato da una centrifuga che gira vorticosamente. Prova proprio la sensazione di essere trascinato verso il basso, al centro del vortice che appare buio e senza fondo. Li riapre. La testa gli gira di brutto e prova pure un senso di nausea. Osserva la lattina di birra con aria schifata; anche il solo pensiero di sorseggiarla lo urta. Poi guarda davanti a sé. Il panorama non è cambiato, il mare, la luna e le stelle sono ancora lì dove le aveva lasciate. Torna a farsi sentire quella sorta di percezione particolare, quell'attaccamento viscerale verso il mare che a volte lo spaventa un po' e che fa riemergere il solito interrogativo: "io a chi appartengo? a te mare? oppure appartengo a Maria?".

Questa volta però è diverso, o meglio deve essere diverso. Una risposta va trovata. Per se stesso, ma anche per Maria. Certo, lei non conosce l'esistenza di questo combattimento, non sa di avere un rivale in amore, il mare. E' vero, non è un'altra donna. Branko ha occhi solo per lei. Ma che dire del cuore? Branko ha forse un cuore diviso?

Deve scoprirlo, ma come fare? Decide di andare indietro con la memoria e soffermarsi, se vi riesce, sui due momenti esatti in cui si è innamorato del mare e di Maria. Il primo e lucido ricordo, è quello di Maria, poiché relativamente fresco. Sono insieme da circa 15 anni, anche se la conosce fin da piccola. Lei era la figlia del proprietario della bottega che stava in paese e che vendeva generi alimentari. Dal pane, preparato nel retro e questo spiega anche l'abilità di Maria con le farine, sino a tutto ciò che a quel tempo era possibile trovare tra i cibi commestibili. Ricorda anche che nel negozio, in un angolo, vi era un piccolo scaffale dedicato alla pesca e che lui di tanto in tanto si faceva accompagnare dal fratello maggiore, Nikola, a prendere amo e filo. In quelle occasioni incontrava anche lei, la bella Maria. Si esatto, bella. Perché fin da piccolissima aveva avuto un aspetto meraviglioso e modi gentili. Lui, il timidone di turno, la guardava senza incrociarne lo sguardo. Faceva tutto Nikola, era lui l'addetto al dialogo. Il massimo che riusciva a pronunciare era un ciao. Erano passati gli anni e la bottega aveva chiuso i battenti. Il padre di Maria era morto e lei essendo figlia unica e ancora troppo giovane non se l'era sentita di proseguire.

Addirittura per un periodo era andata a vivere dalla zia, a Mostar. Aveva fatto poi il suo ritorno compiuti i vent'anni. Non si erano incontrati subito, ma dopo qualche tempo e giù dalle parti della scogliera. Al primo momento non l'aveva neppure riconosciuta. Una cosa però gli era saltata subito all'occhio: quanto fosse bella quella ragazza seduta a osservare il mare.

Lui, che negli anni aveva preso un po' di coraggio con le donne, decise di avvicinarla e chiederle come si chiamasse.

"Mi chiamo Maria...e tu se non erro dovresti essere Branko..."

PUM!! Una botta secca al cuore, una fucilata. Era proprio lei e si ricordava addirittura di lui!!

Da quel momento decise che non l'avrebbe più lasciata un solo istante e dopo un decoroso fidanzamento si erano sposati e trasferiti nella casa vicino al molo, costruita con l'aiuto di Dragan e altri amici.

Che emozione rivivere quei momenti. "In fondo", conclude Branko, "potrei dire che la amo da sempre".

E il mare? Quando era nato il suo amore per il mare? Ripensandoci non c'era stato un momento esatto, un episodio specifico o un primo incontro. Semplicemente era cresciuto così, allevato dai genitori che portavano a loro volta il mare dentro da generazioni. L'amore per il mare era un'eredità, una predisposizione genetica. Figlio di figli di pescatori. Quell'attrazione che provava verso il mare era dunque una questione di pelle, un elemento facente parte del suo stesso corpo.

L'acqua salata del mare al posto del sangue nelle vene. E così anche l'amore e il rispetto per le creature che lo abitano. Suo padre glielo diceva sempre quando uscivano in barca insieme: "Branko, mi raccomando...prendi solo il necessario...pesca usando il cervello e senza rovinare la madre che ci dà di che mangiare...il rispetto, ricordati sempre il rispetto".

Quelle parole erano state il suo riferimento per decenni e continuavano ad esserlo.

Ora che Branko ha davanti a sé questi due ricordi, distoglie lo sguardo dall'orizzonte e si guarda i palmi delle mani. Quasi fossero due piatti di una bilancia comincia a muoverli dall'alto verso il basso e intanto continua a fissarli.

"L'hai fatto solo per amore-oggi hai pescato uomini - il rispetto ricordati il rispetto - è l'amore che ci salverà - tu se non erro dovresti essere Branko - papà ben tornato a casa - Nikola chiedile quanto costano gli ami nuovi e le esche - adesso basta sangue... - aprimi sono Dragan"

Mille voci stanno nella testa di Branko e lui sente di amare ogni singola persona che gli sta parlando, sente di doverle proteggere, di preservarne il ricordo, di garantirne il futuro.

"Ma che sto facendo? Perché mai dovrei scegliere tra Maria e il mare o tra il mare e tutte le altre persone che amo o che sono nel mio ricordo!"

I palmi si serrano e diventano due pugni.

Stringe forte Branko, quasi quella stretta stia a rappresentare la forza, la tenacia, l'intensità del suo amore e di quanto lo pervade in quel momento. Piange Branko. Non lo fa quasi mai; l'ultima volta era successo alcuni giorni dopo la morte del padre uscendo in barca senza di lui. Si era sentito profondamente solo. Da allora non era più capitato. Piange, ma silenziosamente. Stringe i denti, trattiene il respiro e le lacrime scendono lente dagli occhi.

Poi ancora una volta rialza la testa e torna a guardare la linea piatta del mare all'orizzonte. Con la mano destra si asciuga gli occhi e le guance. Cerca di riprendere a respirare lentamente facendo uscire piano l'aria dalla bocca socchiusa.

"Che ci faccio ancora qui!!", esclama.

Si alza di scatto ed entra in casa. La tv ormai è spenta. Danica è a letto. Dischiude piano la porta della sua cameretta e la guarda mentre stringe il suo orsacchiotto preferito. Pare serena, già dorme. Si porta la mano al petto quasi sentisse che qualcosa sta per scoppiargli dentro. Un batter d'ali incessante non gli dà tregua; il suo petto sembra una gabbia dov'è contenuto un prigioniero che si agita per essere liberato. Richiude la porta e cerca lei. Sa esattamente dov'è, ma quei passi che lo separano sembrano infiniti, sembra aver d'innanzi a sé un labirinto anziché un semplice corridoio. Trascinandosi arriva alla camera da letto. Si appoggia all'infisso e con un occhio scruta all'interno. Maria è seduta sul letto e alla luce flebile dell'abatjour sta leggendo come sua buona abitudine un libro, "L'uomo dalle ali di carta".

E' talmente bella che teme di frantumarla avvicinandosi.

Ma non ce la fa più. Esce allo scoperto e Maria alzando lo sguardo e richiudendo il libro gli dice: "Eccolo il mio pescatore di uomini!".

"Esisti solo tu", le dice lui, "esisti solo tu".

La guerra si concluse poco dopo, con l'Accordo di Dayton firmato il 21 novembre 1995 e con la versione definitiva dell'accordo di pace, firmata il 14 dicembre 1995 a Parigi.

A finire, in quel 1995, fu anche la guerra nel cuore di un umile pescatore di nome Branko.

9 Il pescatore di uomini (revolution)

Come vi è parso il breve racconto sul buon Branko, detto "il pescatore di uomini"?

Spero lo abbiate trovato coinvolgente, ma anche riflessivo. L'idea di scrivere una storia ambientata nella ex Jugoslavia e che avesse come personaggio principale un uomo comune coinvolto in situazioni non comuni è nata nel riesaminare il violento conflitto in Bosnia e Erzegovina, conclusosi nel 1995 con la dissoluzione della Repubblica Socialista Federale. Mi sono chiesto fino a che punto, soprattutto noi italiani, avevamo colto appieno l'entità e la gravità di quanto stava succedendo proprio di fianco alla nostra penisola; se ci ha mai sfiorato l'idea che quella guerra potesse sconfinare ed estendersi sino a qui o coinvolgerci in qualche modo diretto.

Su questa base ho quindi pensato di riaprire una finestra sull'argomento, ma senza renderlo monotono o pesante. Trasformare un racconto in un contenitore per questo tema mi sembrava una buona scelta per creare un buon equilibrio tra il reale e la fantasia.

Io nel 1992, anno in cui iniziarono gli scontri tra serbi croati e bosniaci, avevo 17 anni. Relativamente giovane, direte voi, per capire i meccanismi di quell'ostilità o il senso della guerra in generale. Diciamo che dal punto di vista del risvolto sociale o delle ripercussioni internazionali piuttosto che di quelle economiche, devo ammettere di essere d'accordo con voi. A quel tempo ero troppo giovane e molto poco informato per fare degli approfondimenti su quei temi specifici. D'altro canto devo dire che mi ritengo fortunato, perché essendo stato allevato in una famiglia con principi morali elevati sono cresciuto con le idee molto chiare riguardo alla guerra, a ciò che la motiva e l'alimenta, e alle sue dolorose conseguenze. Ovviamente mi riferisco alla guerra in generale, a qualsiasi tipo di conflitto o scontro che sia militare o civile piuttosto che tribale. L'idea di ciò che la pace, e non semplicemente la "non guerra", può portare all'umanità è sempre stata tra le cose che i miei genitori mi hanno insegnato con maggiore passione e impegno. La pace fra le nazioni, ma anche tra le genti. In famiglia come a scuola o nell'ambiente di lavoro. In sostanza l'essere pacifici o promotori della pace con tutti sempre e verso chiunque, indistintamente.

Quindi, in quel 1992 questi virtuosi aspetti li avevo già ben chiari.

Ricordo molto bene anche le immagini ai telegiornali: il parlamento bosniaco in fiamme, l'aeroporto di Sarajevo sotto assedio, i cadaveri ammassati, le forze dell'ONU, i Tornado italiani, i profughi sui gommoni... come potrei dimenticarle...

Mi sono nuovamente interessato a quanto era accaduto alcuni anni dopo, nello scoprire che la canzone Henna, quella ascoltata non a caso da Branko sulla sua barcarola, era stata scritta da Lucio Dalla proprio in quei giorni, e che aveva come tema centrale quell'orribile conflitto. Stimando molto questo cantautore davvero speciale ho cominciato a farmi delle domande, soprattutto perché non mi sembrava la solita canzone sulla guerra o in favore della pace. Se Lucio aveva deciso di parlarne, doveva esserci qualcosa di particolare. La mia curiosità cresceva man mano che ci pensavo. Allora, sfruttando i documenti e i contributi video messi a disposizione dalla rete internet ho cercato di analizzare quei combattimenti a 360 gradi. Con il progredire della ricerca è nata in modo spontaneo l'idea di questo personaggio, Branko, e di tutto ciò che gli gira intorno. A partire dalla moglie, all'amico nei guai, al viaggio a Sarajevo, sino al suo conflitto interiore. Quest'ultimo elemento narrativo, il conflitto interiore, dà al racconto quell'inclinazione necessaria per accendere l'empatia del lettore e sentire il personaggio più vicino a sé, più reale.

Ovviamente la storia di Branko è più complessa e completa di come ve l'ho presentata nei tre capitoli. Difatti in questo libro ho voluto solo inserirne degli assaggi, pur includendo delle pedine determinanti per il racconto nel suo insieme.

Ad esempio, nella versione completa del romanzo la sua storia comincia da bambino, con i suoi genitori e in particolare al fianco del padre; poi i fatti narrati si spostano all'età dell'adolescenza proseguendo sino al viaggio a Sarajevo fatto con la moglie Maria. Anche il finale non è quello contenuto nell'explicit presente qui.

Probabilmente vi starete chiedendo perché non ho raccontato addirittura tutta la sua storia. Beh, perché potrebbe essere parte di un nuovo progetto, di un volume vero e proprio da pubblicare nel futuro. Chissà.

Quello che spero sinceramente è che alcuni dettagli importanti vi siano arrivati. Nelle descrizioni, in alcune scene o momenti del racconto, vi sono degli aspetti fondamentali sia dal punto di vista narrativo che per quanto riguarda le emozioni, i sentimenti e le riflessioni che volevo e voglio sollevare con questa storia. Non è un racconto qualunque, non si parla solo di amore o di odio, di ciò che è bello o brutto, di persone o di luoghi. E' molto di più, almeno dal mio punto di vista, è molto di più. Nulla è lasciato al caso e tutto si collega in qualche modo. In fondo, Branko potrebbe essere ognuno di noi. Con la propria storia, le proprie paure e il proprio coraggio. Ogni donna potrebbe riconoscersi in Maria, sua moglie. Anche lei è un personaggio complesso, una vera forza. E così via, ogni personaggio principale o secondario ha un vero e proprio scopo; nessuno è una semplice comparsa, nemmeno Slobodan, quel tizio misterioso prigioniero insieme a Dragan e agli altri amici di Branko. Ma ora basta curiosità, altrimenti vi anticipo troppo...

Tornando al conflitto in oggetto e al titolo di questo capitolo, che include la parola "revolution", la relazione tra i due dove sta?

Beh, la rivoluzione sociale o politica è da sempre considerata una fase o un mutamento che porta alla liberazione da qualcosa che opprime, al raggiungimento della propria indipendenza attraverso un atto di ribellione, al rovesciamento radicale di un ordine costituito, che sia politico monarchico o militare, per crearne uno nuovo. Molti tra i combattenti, civili e militari, di quella guerra del 92 "credevano e facevano credere" di fare la rivoluzione, di portare un cambiamento. In realtà pensavano che per qualche ragione "non vi fosse posto" per gli altri (rispettivamente serbi croati o bosgnacchi che fossero) in quella terra antichissima e abitata fin dall'età della pietra. Ambivano a tutto. Ma non solo.

Ogni schieramento voleva a tutti i costi "eliminare", e non semplicemente cacciare, le altre etnie. Il frutto raccolto? 99.000 morti. E le varie correnti politiche? Non hanno fatto altro che cavalcare quella forma di insano egoismo, permettendo all'odio di proliferare e addirittura alimentandolo.

Quindi, cari lettori, qui parliamo di "Pulizia Etnica", altro che sola rivoluzione.

Ma in questo capitolo, la rivoluzione è anche quella cosa che scombussola Branko e alimenta i suoi interrogativi più intimi. Un rovesciamento dentro se stesso, contro quello che considera quasi sacro come il suo lavoro, le sue origine, il mare, la famiglia. Quasi senta l'esigenza di ribaltare un certo ordine delle cose per dar vita ad un nuovo ordine.

Col tempo, Branko capisce che in realtà ogni cosa ha il suo posto, nella sua terra come nel suo cuore. Non è necessario creare dei conflitti tra tutto ciò che si ama.

Nel profondo di se stesso, nelle sue viscere, c'è abbastanza posto per tutto e per tutti e senza fare torti a nessuno, senza sentirsi in colpa perché erroneamente convinto di amare qualcuno o qualcosa più di altro. Quando chiede a se stesso "Io a chi appartengo, al mare o a Maria" sta mettendo in discussione due pilastri della sua esistenza senza considerare che in fondo non ve n'è bisogno. Questo meccanismo potrebbe sembrare ai più una questione estremamente logica, razionale. Ma non lo è, o per lo meno non per tutti. Di certo non per lui, che è talmente sensibile da preoccuparsi costantemente di far arrivare il proprio amore e il proprio rispetto nella dose giusta e al momento giusto. Un uomo davvero speciale questo Branko.

Lui è dentro di me, nella mia mente ma anche nel mio cuore. E' come se vivesse. Non è uno sdoppiamento di personalità, tranquilli!! Io e lui siamo abbastanza diversi, ma, e siete liberi di non crederlo, quando penso alla sua storia, alle persone e ai fatti che la compongono mi pare tutto già scritto.

Per concludere riallacciandomi all'inizio del capitolo, spero che la narrazione induca molti a riflettere su alcuni significati legati a concetti universali come l'importanza della famiglia, dell'amicizia, del rispetto verso tutti senza barriere sociali, economiche, religiose o etniche.

Auspico inoltre che possa essere spunto di riflessione anche su un altro importante tema, quello della guerra e delle sue tristi conseguenze.

"Adesso basta sangue,

ma non vedi, non stiamo nemmeno più

in piedi..."

10 Le code in autostrada

Sono quasi totalmente sicuro che almeno una volta nella vita vi siate chiesti per quali ragioni si formano le code in autostrada. Qualcuno vi avrà risposto che accade per il flusso notevole di automobili, altri per lavori in corso o incidenti. Ad esclusione delle ultime due risposte, assolutamente condivisibili, sulla prima nutro dei grandi dubbi. E ve ne spiego anche le ragioni, facendovi un esempio nel quale forse alcuni potranno pure rispecchiarsi. State tornando dalla Versilia, dopo un bel fine settimana al mare. Non importa che ore sono, sta di fatto che avete superato da poco la INCISA senza incontrare particolare traffico e vi apprestate a inserirvi nello svincolo di Parma che vi porterà in direzione Milano.

Imboccate la A1, percorrete tranquilli un massimo di cinque km e siete fermi. Davanti a voi fari rossi illuminati decretano l'inizio di un altalenante e nauseante prima marcia - freno - prima marcia - freno, che vi accompagnerà sino a Fidenza. Se siete fortunati ve la cavate in trenta minuti. Quando va male, possono volercene almeno il doppio. Arrivate stomacati a Fidenza; buttate l'occhio verso lo svincolo pensando che ci sia del significativo traffico in ingresso e invece nessuno sta imboccando l'autostrada. Non fate in tempo a osservare meglio la situazione da contesto "davvero surreale", che improvvisamente, come quando togliete il tappo da un lavandino pieno di acqua, le auto ricominciano a scorrere e nessuno vi ferma più sino a Milano. Vi è capitato? Beh forse non sulla A1, ma altrove probabilmente si. Molti di noi hanno vissuto sulle autostrade episodi inverosimili come quello descritto e in risposta al vostro più che logico "com'è possibile?" vi hanno raccontato quella del "forte flusso di auto" in direzione Milano perché i milanesi hanno tutti la casa al mare. Oppure vi hanno accusato di non aver fatto una "partenza intelligente". Addirittura possono avervi detto che a Fidenza c'è una copia del Triangolo delle Bermuda o che vi atterrano in continuazione gli UFO. Ma la verità, è che non esiste una verità. Assurdo? Si, ma è così. E voi vi ritrovate a rimuginare. Pensate che lo stesso numero di automobili che percorrono il medesimo tratto di una autostrada non si possono fermare all'improvviso senza che qualcuno blocchi fisicamente la carreggiata!!

Se fino a pochi metri prima tutto scorreva a 130 chilometri all'ora che cosa diamine può essere successo poco più in là? MAH!!, mistero della fede.

Allora, questa divagazione sulle autostrade non ha l'obiettivo di aprire critiche sul sistema nazionale della viabilità, ci mancherebbe. Diciamo che è un ottimo gancio per collegarmi ad un argomento, con il quale voglio avviarmi verso la chiusura di questo libro. Quante sono nella nostra vita quelle circostanze, quegli episodi, che sembrano non avere alcuna spiegazione logica? Molti, anzi moltissimi. Spesso affrontiamo situazioni che non avevamo preventivato semplicemente perché era impensabile prevederle; ma sono accadute e in genere hanno una tendenza al negativo. Sono più le certezze che saltano, che i sogni che si realizzano.

Eppure vengono fatti sforzi magistrali per cercare di avere una visione "attendibile" del futuro. Miliardi di meta dati vengono elaborati ogni santo giorno, Natale incluso, dalle macchine più sofisticate e avanzate del pianeta, che sputano pronostici, statistiche, planning e analisi che influiscono sulla vita quotidiana di miliardi di persone.

E non mi riferisco alla semplice "prospettiva a breve termine", a ciò che ad esempio andrà di moda o farà tendenza la prossima estate. Per quello basta chiedere a Fedez o a una influencer come Chiara Ferragni. Piuttosto sto parlando di ciò che sarà un must o un trend dell'estate del 2040, fra più di un ventennio.

Sto esagerando?? Non credo.

Oggi, anche se è un potere nelle mani di pochi, esiste questa incredibile capacità di calcolo, al limite del fantascientifico. Se riflettiamo attentamente dobbiamo però constatare che tutto ciò appare come un enorme contrasto, perché molte, anzi moltissime, altre cose sfuggono totalmente e talvolta inspiegabilmente al nostro controllo. Per rendervi l'idea, tornando al nostro esempio, sappiamo fare delle stime attendibili sul numero di auto che il prossimo weekend percorreranno la A1 in entrambe le direzioni; però allo stesso tempo non capiamo per quale astrusa ragione si formi perennemente la stessa coda sullo stesso tratto di strada. Oppure, sappiamo quali benefici a lungo termine potrà portare alla comunità una nuova centrale di energia rinnovabile o un progetto socialmente utile, ma non riusciamo a prevedere che qualche cavillo burocratico in soli cinque minuti fermerà e insabbierà tali progressi per vari decenni. Conosciamo le future conseguenze dell'inquinamento globale, quale sarà la condizione dell'atmosfera tra cento anni o quali specie viventi si estingueranno nei prossimi venti, ma non siamo in grado di predire come si adegueranno al protocollo di Kyoto, effettivamente e a breve termine, le multinazionali del pianeta.

Analisi e tendenze. Sono le due parole magiche del nuovo millennio, sono le figlie predilette dell'Era Tecnologica. Se nella tua azienda non hai un analista, sei spacciato. Se non hai un broker o un amico di amici che ti anticipa con una soffiata ciò che accadrà domani o fra sei mesi, se ancor più spacciato.

Non puoi fare un solo passo senza che le tue scelte e azioni debbano corrispondere ad un trend preciso. Devi essere sempre avanti, proiettato nel futuro. E non parliamo più di "moda", quella ormai è una dimensione ristretta. Parliamo di Numerologia, di scienza. Qualsiasi sia il tuo lavoro, non ti basta farlo bene, non ti basta essere competitivo, puntuale, affidabile, qualificato. Per avere successo e durare nel tempo devi "prevedere" il futuro. Capire e attuare tecniche predittive per anticipare le mosse degli altri o conoscere ieri le tendenze, i consumi, le richieste di mercato di domani. Senza questa capacità e competenze sei "un nulla" oppure "una meteora", destinata a sparire nel giro di poco.

Veloce, tutto "troppo" veloce.

Unexpected. L'imprevisto. E' lui il peggiore nemico dell'uomo, altro che il cancro o la depressione. L'imprevisto a volte è addirittura peggio della morte stessa!! Può far crollare interi castelli sorretti su apparenti certezze, su dati acquisiti e analizzati, lasciando dietro sé una moria di vittime. Uomini, società, aziende che non si riprenderanno più dopo il colpo.

In un mondo dove la gente muore ancora di fame, dove nel 2016 c'erano ottocento milioni di analfabeti, dove duecentocinquantamila bambini di ventitré paesi diversi vengono costretti a imbracciare le armi, ciò che conta davvero sono i trends!! Non sapendo vivere il presente, ci buttiamo a stomaco vuoto nel gelato mare del futuro facendo una inevitabile congestione. Guardarsi un po' allo specchio no èh??

L'affannosa gara nel rendere vecchio ciò che è appena nato ci sta rendendo non solo impazienti, ma anche insaziabili e talvolta spregiudicati.

Forse non lo sai, ma c'è qualcuno che paga fior fior di quattrini per sapere cosa hai comprato ieri al supermercato. C'è chi sborsa monete sonanti per far postare su Instagram una foto con il Vip del momento che tiene tra le mani il proprio prodotto commerciale. Ogni anno, miliardi e miliardi di dollari vengono spesi in consulenze da società quotate in borsa così come da piccoli artigiani. Fiumi di denaro che confluiscono nelle tasche di una elite, mentre, d'altro canto, non abbiamo denaro pubblico sufficiente per costruire pozzi, ospedali, centrali elettriche o distribuire vaccini gratis nei paesi del terzo e del quarto mondo. Non abbiamo soldi per migliorare la Scuola, per aprire aziende di stato, per pagare uno stipendio adeguato alle forze dell'ordine, per le pensioni. Beh, qualcuno potrà pensare che "questi sono soldi sprecati", che quello che ho citato "è solo il presente".

Già, questa è la triste realtà. E' "solo" il presente, non vale la pena investire per ciò che viviamo adesso. Bisogna guardare oltre. Applausi!! Viva l'avanguardia!!

Cari lettori, per come la vedo io, ormai la modestia ci sta abbandonando del tutto. I leader mondiali si occupano di risolvere i problemi del domani, ma la domanda è: ci arriveremo a ste benedetto domani?

Capiremo prima o poi che abbiamo già grosse difficoltà a gestire il presente e che non siamo ancora maturi per occuparci troppo assiduamente del lontano futuro? Forse un analista, facendo qualcuno dei suoi calcoli matematici, potrebbe risponderci.

Oppure, pensate che sarebbe più utile scoprire perché si formano le code in autostrada? Beh, dirà qualcuno, almeno sapendolo prima si può cambiare rotta, sempre che la coda non ti segua e ti perseguiti...

11 La terra della speranza

Ho visto una terra dove i fulmini cadono in verticale nel terreno, una terra che trema, una terra dove le persone hanno la dignità e il coraggio di andare avanti nonostante tutto. Persone che da quella stessa terra e dai suoi frutti hanno sempre tratto ogni sostentamento; che l'hanno sempre rispettata e onorata e che continuano a farlo anche ora, nonostante lei li abbia scossi, li abbia lasciati senza respiro, senza dimora e apparentemente senza futuro.

Le Marche sono una piccola regione avvolta in un dolce abbraccio dal mare Adriatico e dai monti dell'Appennino Umbro-Marchigiano.

E' una terra ricca di querce, e non mi riferisco solo agli alberi che caratterizzano gli appezzamenti agrari.

Il termine "quercia" e quindi l'idea che rende di imponente accoglienza e protezione può essere simbolicamente accostata a quei personaggi, artisti e studiosi celebri, che ne hanno costituito una ricchezza esemplare. Per fare alcuni esempi cito nomi assai noti come Raffaello, Rossini, Leopardi, Montessori e molti altri. Un patrimonio culturale e artistico di notevole levatura e visione.

I marchigiani che tipo di individui sono? Sono persone laboriose, temperate e riservate. Analizzando la loro storia si può notare come l'apparente indipendenza dei centri urbani abbia invece costituito l'elemento di maggiore unità di questa popolazione. Cinque provincie e duecentotrentasei comuni, di cui molti sono vere e proprie città d'arte, affiancati da alcuni dei borghi più belli d'Italia. Teatri, abbazie e fortezze, parchi naturali. Questo è il lascito storico e naturale di cui si prendono generosamente cura.

Poi arriva lui, nell'agosto del 2016. Si chiama Magnitudo 6.0 e in un attimo spazza via interi paesi e getta nel terrore e nel dolore migliaia di sfollati. Continuerà a farsi sentire altre migliaia di volte e a far tremare la terra sotto i piedi di questa brava gente senza dare loro tregua. Ma non basta; proprio a causa dell'unità che caratterizza la popolazione marchigiana tutti risentiranno dell'accaduto, danni o non danni, vicini o lontani dal centro del sisma o dalle zone duramente colpite. E' vero, si sapeva già che molti borghi e paesini erano soggetti ad alto rischio sismico; ma una minaccia si trasforma in terrore solo quando si materializza.

E purtroppo è proprio ciò che è accaduto.

Subito dopo il sisma è iniziata la danza di tecnici, esperti, giornalisti, rappresentanti di istituzioni e molti altri che hanno focalizzato l'attenzione su questioni come l'abuso edilizio, la qualità dei materiali impiegati nelle costruzioni, la sicurezza generale dettata dalla posizione geografica ecc. E' giusto, e aggiungerei legittimo, parlare "anche" di queste cose; capire se e dove c'è stato uno sbaglio e chi l'ha commesso, comprendere se i danni e le vittime potevano essere inferiori rispetto a quanto si è verificato. Tutto corretto.

Ma la vera questione è: "e adesso cosa si fa?"

Nei giorni della disgrazia grandi energie sono state generosamente profuse nei soccorsi, nell'analizzare l'accaduto, nel capire se e come poter ricostruire o far ripartire le economie locali. Ma sta di fatto che oggi, a distanza di un anno dall'evento, poco è cambiato. Quando si è presentato alla porta, il Sig. Magnitudo 6.0 non era stato invitato. Con la sua violenza e con la sua sfrontatezza non ha guardato in faccia a nessuno. Donne, bambini, persone anziane, tutti vittime innocenti. Duecentonavantanove.

Qualcuno ha detto: "pochi rispetto a quanto poteva verificarsi". Pochi!!??? Seppur posso cogliere il senso o l'intenzione che sta dietro a questa affermazione, ritengo l'uso del termine "pochi" inappropriato e quasi irrispettoso. Forse per trasmettere lo stesso concetto sarebbe stato meglio dire che "il numero delle vittime è stato inferiore rispetto al potenziale danno umano che poteva verificasi".

Avrebbe avuto un suono più rispettoso verso le vittime e i loro familiari e amici.

Come in passato, si è sprecato tanto fiato per alimentare critiche su tutti i fronti: "quel paese andava ricostruito - quelle case andavano demolite e riedificate da anni - la gente che abitava in quei borghi conosceva i rischi - i soliti abusivi - adesso staranno alle spalle dello stato per anni" e via via tutte quelle frasi veramente fuori luogo che ogni volta, dopo ogni disastro, sentiamo pronunciare.

Per fortuna vigili del fuoco, militari, volontari giunti da tutta Italia e persino le unità cinofile di ricerca e salvataggio non si sono fatti tutte queste paranoie quando dovevano operare per salvare delle vite o per metterne in sicurezza delle altre. Hanno scavato a mani nude tra le macerie, uomini e cani hanno fatto turni massacranti per cercare di salvare più vite possibile. Fatiche, sacrifici, rinunce, lacrime e sudore si sono mescolate in un turbine di emozioni tra gioie e dolori ogni volta che qualcuno, vivo o morto, riemergeva dalla polvere e dall'oscurità che l'aveva inghiottito all'improvviso. Grazie. Grazie a tutti loro per quello che hanno fatto e per il tipo di persone che sono, per i loro valori invertibili.

Qual è di fatto oggi, agosto 2017, la situazione? A mio avviso il senso del presente si può racchiudere nelle parole pronunciate nella sintesi fatta dal presidente della Repubblica, Sergio Mattarella, durante la sua ultima visita nelle zone del sisma.

"Sono stati fatti passi avanti incoraggianti - ha detto - che non cancellano certo le cose che occorre ancora fare, quello che manca e le lacune che ci sono".

Sincero, obbiettivo. Se non è vero che non si è fatto nulla, è altrettanto corretto sottolineare che c'è ancora molto da fare e che probabilmente bisogna "aggiustare il tiro" se si vuole uscire dall'empasse e dare un aiuto vero, significativo e consistente a quelle popolazioni. Personalmente credo che la prima di queste correzioni di traiettoria debba puntare dritto alla soluzione della presenza asfissiante delle macerie; migliaia di tonnellate, montagne e montagne di detriti sono ancora al posto di quelli che un tempo erano i centri storici dei paesi. Il problema non è certo di facile o rapida soluzione, soprattutto vista la necessità di trovare aree di deposito idonee e di definire le modalità di rimozione con i privati cittadini, che prima avevano delle case e che ora si ritrovano un cumulo di pietre in cui è sepolta la loro vita, tutta la loro vita, e da cui è normale che desiderino recuperare quei frammenti o quei beni ancora intatti che possano tener vivo il ricordo degli affetti e di un'intera esistenza.

Ma non è solo una questione di logistica. Le macerie stanno di fatto assumendo ogni giorno di più un significato simbolico; ormai è evidente a tutti, vittime e osservatori. Fino quando quel paesaggio fatto da montagne di macerie, e che richiama alla mente solo distruzione e desolazione, non sparirà dalla vista dei terremotati sarà impossibile parlare di rinascita.

A questo, mi sento di menzionare un'altra necessaria correzione di traiettoria che riguarda l'atteggiamento o la modalità degli aiuti che tutti noi, escludendo lo Stato in questo ragionamento, possiamo dare alle vittime e alle zone colpite dal sisma. Credo che un aiuto, inteso come atto sincero e genuino, debba essere indirizzato attentamente per risultare davvero efficace, e che spesso sono proprio i papabili beneficiari a saper indicare cosa è meglio fare o non fare. D'istinto molti, anche in questo caso, si sono adoperati per inviare denaro e beni di prima necessità tramite operatori telefonici, onlus, quotidiani e mass media, agenzie governative e quant'altro. Senza entrare nel merito della polemica che riguarda il blocco di fondi e di beni che puntualmente caratterizza ogni piano di soccorso per calamità naturali, forse sarebbe stato meglio ricordare che un aiuto deve innanzitutto "arrivare", e poi non deve in nessun modo colpire la dignità delle persone che ne beneficiano. Oggi, inviare del denaro con i metodi su citati serve a ben poco perché i problemi sono sempre gli stessi: quello che di cuore doniamo entrerà davvero nell'economia locale e reale?, da chi e come verranno gestiti i fondi? Questi ostacoli si possono facilmente aggirare e dare un aiuto davvero efficace, pratico e in linea con il temperamento di quella gente. Vi state chiedendo in che modo? Beh, ad esempio le Marche si possono aiutare dignitosamente trascorrendovi qualche giorno di vacanza, dando a alla gente del posto la possibilità di risollevarsi anche attraverso ciò che ha da offrire, attraverso il proprio orgoglio. Alberghi, case vacanze, ristoranti, servizi.

Il denaro che spendiamo in queste strutture finisce direttamente nelle tasche di chi con forza, umiltà e dignità, vuole fare la propria parte per risorgere, di chi si è rimboccato le maniche e non sta ad aspettare che siano solo gli altri a dover risolvere il problema. Non possiamo permetterci le vacanze nelle Marche? Compriamo a distanza i prodotti tipici di questa terra, mettiamoci in contatto con le persone del posto e chiediamo loro cosa fare. Ingegniamoci, ma non disperdiamo risorse e aiuti.

Se ci pensate bene cosa può esserci di meglio per una popolazione laboriosa che risorgere attraverso il frutto delle proprie mani. Questa non è gente che rimane passivamente nell'attesa che tutto torni a posto. Loro vogliono essere in prima linea nella rinascita, nella ricrescita delle economie locali sia nelle zone colpite che sulla costa adriatica. Hanno il potenziale e le competenze per farlo. Il Conero ad esempio è una meta turistica davvero piacevole e ricca di suggestione. Purtroppo quest'anno il turismo, influenzato dall'accaduto, non ha restituito ad operatori e all'indotto ad esso legato quanto avrebbero meritato e auspicato. Chiaramente ognuno di noi è libero di andare in vacanza dove gli pare e di elargire aiuti nelle forme che meglio crede opportune o addirittura di non farlo nemmeno. Quello che voglio trasmettere con questo ragionamento è che gli aiuti, non solo nel caso delle Marche ma in "tutti i casi", non devono essere semplicemente figli di un generoso impulso, ma vanno ben ponderati e indirizzati.

E' l'efficacia a far la differenza, non la quantità di per sé.

Ho intitolato questo capitolo "La terra della speranza" perché dopo aver conosciuto e colto di prima persona umori, sensazioni e discorsi fatti dalla gente del posto mi sono reso conto che nonostante la grave situazione e il contraccolpo psicologico, i marchigiani stanno davvero cercando di risollevarsi più che piangersi addosso, e che il malumore che provano è più una rabbia verso le istituzioni che delusione verso la terra che li ha simbolicamente traditi catapultandoli in un presente doloroso e complesso. Nel desiderio di rinascita c'è la chiara volontà di riconquistare quanto è andato perso proprio attraverso ciò che da secoli caratterizza la regione, di trasmettere un potente messaggio alla gente del tipo "c'è stato il terremoto ma queste rimangono terre stupende, ricche di valori e di patrimonio naturale, culturale e storico; non state lontani da noi per timore, ma venite qui e visitate le Marche, scoprite ciò che abbiamo da offrirvi". Dietro a questo messaggio ci vedo della speranza, ci vedo il desiderio e la volontà che le cose cambino e mi sembra quasi che tale desiderio nasca dalla terra stessa, nel sottosuolo, e che come una linfa arrivi ai piedi delle persone e poi più su, al loro cuore e alla loro mente per sfociare infine attraverso il verbo, la parola.

Io auguro a queste persone di ritrovare il loro equilibrio indipendente da ciò che lo Stato e le istituzioni faranno o non faranno, perché se lo meritano.

Voglio concludere così come ho iniziato, perché credo sia il modo migliore.

"Ho visto una terra dove i fulmini cadono in verticale nel terreno, una terra che trema, una terra dove le persone hanno la dignità e il coraggio di andare avanti nonostante tutto"

"Farsi delle domande è importante quanto
trovare delle risposte"